विष चिकित्सा

(वैदिक, आयुर्वेदिक एवं परम्परागत जान्तव विषचिकित्सा)

HOLISTIC MANEGEMENT OF POISONES BITES

प्रस्तोता :

डॉ. मोनिका वर्मा

डॉ. राजेन्द्र प्रसाद पूर्विया

डॉ. एल. एन. शर्मा

SCIENTIFIC PUBLISHERS

प्रकाशक

साईन्टिफिक पब्लीशर्स (इण्डिया)

5-ए, न्यू पाली रोड, पो. बा. नं. 91
जोधपुर-342 001 (राज.)
टेलिफोन : 0291-2433323
E-mail : info@scientificpub.com

ISBN: 978-93-87893-86-3

Visit the Scientific Publishers (India) website at
http://www.scientificpub.com
भारत में मुद्रित

मंगलाचरण

त्वादत्तेभी रुद्र शंतमेभि: शतं हिमो अशीय भेषजेभि:।।
व्यस्मदद्वेषो वितरं व्यंहो व्यमीवाश्चातयस्ता विषूची।।

नमस्कृत्य वैद्यनाथाय तदुक्ति: परिभाव्यं च।
दंष्ट्राविषनिवारणाय विरच्यते सर्वविषचिकित्सा।।

आशीर्वचन

Prof. Dr. Radhey Shyam Sharma
Vice Chancellor
Office : Nagaur Road, Karwar, JODHPUR - 342037 (Raj.)
Phone : 0291-5153701 (O)
0291-2542200 (R)
E-mail : vd.rssharma@gmail.com
rau.jodhpur@yahoo.co.in

डॉ. सर्वपल्ली राधाकृष्णन्
राजस्थान आयुर्वेद विश्वविद्यालय
जोधपुर
Dr. Sarvepalli Radhakrishnan
Rajasthan Ayurved University
Jodhpur

क्रमांक : रा.आ.विवि./वीसी./2017-18/05
दिनांक : 10 अप्रैल, 2018

मानव जीवन प्रभु की अति सुन्दर कल्पना है। सम्प्रति संङ्क्रमणसमय में समाधान के रूप में चरक ने सुन्दर वचन प्रस्तुत किया है-

धर्मार्थकाममोक्षाणामारोग्यं मूलमुत्तमम्।
रोगास्तस्यापहर्त्तार: श्रेयसो जीवितस्य च।।

धर्म, अर्थ और काम दैनन्दिन जीवन में नीतिपरक आचरण से उपार्जित अभ्युदय एवं मोक्ष अर्थात् परम दुर्लभ मानवयोनि का चरमलक्ष्य तभी सम्भव है जब मनुष्य शरीर, मन, आत्मा और इन्द्रिय से प्रसन्न अर्थात् स्वस्थ रहे। इस लोक में अभ्युदय और परलोक में नि:श्रेयस् की अवाप्ति का मूल कारण निरामयजीवन है। निरामय जीवन को प्रबाधित करने वाले कारक आधि और व्याधि कहलाते हैं। उनमें भी आधि केवल स्वसंवेद्य होती है परन्तु व्याधि स्वसंवेद्य होने के साथ

परसंवेद्य भी होती है तथा आमय, गद, आतंक, रोग व्याधि के पर्यायरूप से कहे जाते हैं।

शरीर की पीड़ा आधिभौतिकरूप से विविध प्रकार के प्राणियों के विष से भी उत्पन्न होती है। सर्प, वृश्चिक जैसे प्राणियों के विष मनुष्यजीवन के लिये प्राणघातक कहे गये हैं तथा मरुभूमि में इनकी घातकता और तीव्र हो जाती है। ग्रामवासी एवं सुदूर सीमावर्ती क्षेत्र में सीमा के प्राणप्रहरियों के प्राणों पर निरन्तर विषैले प्राणियों के विष का आतंक बना रहता है। यद्यपि आधुनिक चिकित्साविज्ञान के द्वारा विष की त्वरित-चिकित्सा की जाती है तथापि आधुनिक औषधियों के प्रयोग के कालान्तर में दुष्परिणाम देखे जाते हैं।

प्रस्तुत पुस्तक में प्रकृति के अनुगमक आयुर्वेद शास्त्र में विषप्रभाव को दूर करने वाले अनेक औषधयोगों का संकलन किया गया है जिनकी अवाप्ति सहज है। ये औषधियां हमारे आस-पास उगने वाली वनस्पति के रूप में उपलब्ध है तथा कुछ विशेष प्रकार के मारकविष में विषनाशक-अगद का परिक्षित प्रयोग आयुर्वेद साहित्य में उपलब्ध है। इसके साथ ही इस सन्दर्भ में मन्त्र एवं स्थानीय उपचार की समानान्तरधारा भी हमारे लोकजीवन में व्याप्त है जो ग्रन्थीकरण के अभाव में उपेक्षित है।

विषचिकित्सा में वेद से लेकर पुराणों और काव्यों में विषचिकित्सानिदान के प्रयोग, विषचिकित्सानिदान के मन्त्रप्रयोग, वानस्पतिक-प्रयोग एवं आयुर्वेदीय अगदयोगों को संकलन किया गया है साथ ही ग्राम्य औषध-उपचारों के अनुभवों का भी संकलन किया गया है। मैं समझता हूं कि यह एक श्रमसाध्य कार्य है। इस कार्य हेतु मैं **डॉ. मोनिका वर्मा, डॉ. लक्ष्मीनारायण शर्मा** और **डॉ. राजेन्द्र प्रसाद पूर्विया** को शुभकामना देते हुए इनके उज्ज्वल भविष्य की कामना करता हूँ।

(प्रो. डॉ. राधेश्याम शर्मा)

कुलपति

समर्पण

''बन्धनान्मृत्योर्मुक्षीय मामृतात्''

किसी भी विषय के प्रस्तुतिकरण का संकल्प, क्रिया एवं क्रियान्विति का साफल्य परमपिता परमेश्वर की अनुकम्पा से ही सम्भव है।

इसलिए इस प्रस्तुतिकरण हेतु **अगोचर परमपिता का अन्तर्मन की गहराईयों से नमन।**

भूतल पर परमात्मा स्वरूप हमोर पितृचरण का उपकार भी शब्दों द्वारा शब्दित नहीं किया जा सकता पुन: कृतज्ञता ज्ञापन की परम्परा का निर्वहन करते हुए हमारे **पूज्य पितृचरणों में शत: शत: वन्दन**

एवं

अपने उपदेशों से गौरवान्वित करने वाले **गुरुवर्य के श्रीचरणों में कोटिश: वन्दन।**

डॉ. राजेन्द्र प्रसाद पूर्विया   डॉ. मोनिका वर्मा   डॉ. लक्ष्मीनारायण शर्मा

प्राक्कथन

राजस्थान रणबांकुरों की जन्मस्थली है। यहाँ के बच्चे-बच्चे में देशभक्ति का सागर उमड़ता है। दूर-दूर तक अथाह रेत के समन्दर पर नृत्य करती सिकतारश्मियाॅ, तेज हवाओं के बजते जलतरंग और सुदूर आकाश में चिलचिलाता सूर्य, दूर-दूर तक जाते ऊँटों के काफिलें। कहीं कहीं सहसा एक कंटीली झाड़ी या खेजड़ी, बबूल के छितरायें पेड़ इस सूखे समन्दर में जीवन का संकेत करते हैं। लोगों के हौंसलों को सलाम, जो रेत के इस बियाबान को गुलजार करते हैं। ऊँटों के साथ-साथ भेड़, बकरी, गायों और छोटे-छोटे गाँवों की कहानी है ये सेहरा। इन सभी के साथ भयंकरतम विषैले जीवजन्तु, जीवन की सुखद तस्वीर से बिल्कुल जुदा है रेगिस्तान का जीवन। यह जीवन हमारे पड़ौसी मुल्क में भी है केवल एक सरहद ने उसे पड़ौसी बना दिया। परन्तु ये सरहदें तो हम जहीन लोगों के लिये है मौसम, पंछी, हवा और इस जमीन के साथी ये विषैले साँप-बिच्छू, इनके लिये कोई सरहदें नहीं ये आप ही अपनी फौज है और आप ही अपने हथियार। इनका हथियार है इनका दंश जो न तो सरहद देखता है ना मनुष्य न जानवर, बस जो भी इनकी राह में आया उसे डस लेते हैं। जितना खतरा दुश्मन की फौजों का है, बवण्डर का है उतना ही रेत पर तैरने वाले इन साँप-बिच्छूओं का भी है। इनसे निपटने के उपाय आधुनिक - चिकित्सा विज्ञान में तो हैं ही जो बड़े ही प्रभावी हैं परन्तु कुछ उपाय जो पुराने काल से चले आ रहें है या पारम्परिक ज्ञान के रूप में प्राप्त हो रहें हैं वे भी अत्यन्त सरल और प्रभावी है, इसके अतिरिक्त उनका प्रयोग अपेक्षाकृत कम खर्चीला हैं अत: ऐसे कुछ प्रयोग हैं जो प्राचीनशास्त्रों, परम्परा और मंत्र के रूप में संकलित किये गये हैं उनका पुस्तकीय संकलन किया गया हैं। मातृभूमि के सपूतों की सेवा में हमारा यह संकलन एक छोटा सा प्रयास है जो श्रद्धा और विश्वास की अपेक्षा करता है।

इस संकलनकार्य में हमने नागजाति–संदर्भित पौराणिक विषय लिये हैं क्योंकि नागों और मनुष्यों के संबन्ध प्राचीनकाल से चले आ रहें है तथा नागदंश के प्रति एक भय का वातावरण भी प्राप्त होता है तथा उस भय से मुक्ति के उपाय भी अनेक रूपों में प्राप्त होते हैं जैसे– मंत्र, झाडफूँक, औषधि, धागा इत्यादि। वर्तमान में भी इनकी कारकता देखी जाती है। अत: इस संकलन में न केवल औषधप्रयोग अपितु मंत्रों का संकलन भी किया गया है जिससे इस संकलन में पूर्णता आ सके।

आयुर्वेद विश्वविद्यालय में कार्यरत डॉ. लक्ष्मीनारायण शर्मा तथा डॉ. राजेन्द्र पूर्विया के सहयोग से हमारे इस प्रयास को सफल बनाने के लिये हमने आयुर्वेद के चरकसंहिता, सुश्रुतसंहिता, अष्टांगसंग्रह, अष्टांगहृदय, योगरत्नाकर, भावप्रकाश, गदनिग्रह, धन्वन्तरिनिघण्टु, राजनिघण्टु, कैयदैवनिघण्टु आदि के चिकित्सीय प्रयोगों का भी समावेश किया है।

– डॉ. मोनिका वर्मा

अनुक्रमणिका

भाग–1
सर्पविष विष चिकित्सा

भाग–2

वृश्चिक विष चिकित्सा

भाग–3

भाग–1

1
नागसन्दर्भित पौराणिक आख्यान

डॉ. मोनिका वर्मा

वर्तमान समय की बात की जायें तो नाग और मनुष्य दोनों ही भिन्न-भिन्न प्रजाति के प्राणी हैं। सर्प सरिसृप वर्ग के तथा मनुष्य स्तनधारी प्राणी है दोनों की उत्पत्ति भिन्न प्रकार से मानी जाती है। सरीसृपों से स्तनधारियों की तथा स्तनधारियों से सरिसृपों की उत्पत्ति अवैज्ञानिक लगती है परन्तु यदि पौराणिक और आदिकाव्यों के कथानक पर विचार किया जायें तो सरीसृप और पक्षियों के जन्मदाता कश्यप ऋषि कहे गये हैं।

प्राचीन-साहित्य में मनुष्यों और नागों का समानान्तर चित्रण प्राप्त होता है कभी ये मनुष्यों के सहयोगी तो कभी उनके शत्रु के रूप में प्राप्त होते हैं। सर्व-विषयों को अपने में समटने वाले ग्रंथभूषण महाभारत में अनेक नागकुलों का उल्लेख है- शेषनाग, वासुकि, ऐरावत, तक्षक, कर्कोटक, धनंजय, कालिय, मणिनाग, आपूरण, पिंजरक, एलापत्र, वामन, नील, अनिल, कल्माष, शबल, आर्यवालिशिख, निष्टानिक, हेमगुह, कम्बल, नहुष, पिंगल, बाह्यकर्ण, हस्तिपद, मुद्गरपिण्ड, उग्रक, कलशपोतक, सुमन, दधिमुख, विमलपिण्डक, कर्कोटद्वितीय, शंख, अश्वतर, कालीयक, वृत, संवर्तक, पदमप्रथम, पद्मद्वितीय, शंखमुख, कूष्माण्डकक्षेमक, पिण्डारक, करवीर, पुष्पद्रंष्ट्र, बिल्वक, बिल्वपाण्डुर, मूषकाद, शंखशिरा, पूर्णभद्र, हरिद्रक, अपराजित, ज्योतिक, पन्नग, श्रीवह, कौरव्य, धृतराष्ट्र, शंखपिण्ड, वीर्यवान्, हस्तिपिण्ड, पिठरक, सुमुख, कौणपाशन, कुठर, कुंजर, प्रभाकर, कुमुद, कुमुदाक्ष, तितिरि, हलिक, कर्दम्, बहुमूलक, कर्कर, अकर्कर, कुण्डोदर एवं महोदर।

सर्पों की विविध प्रजातियाँ हैं इनके वर्ण, आकृति, स्वभाव, विष की तीक्ष्णता, प्राप्तिस्थान, खाद्य-सामग्री इत्यादि के आधार पर इनका नामकरण किया गया हैं। कुछ प्रमुख नागों से सम्बन्धित कथायें भी अत्यन्त लोकप्रिय हैं-

- **शेषनाग-** यह ज्येष्ठनाग है जो सदैव भूमि का भार वहन करते हैं। अपने भ्राता गरुड़ से स्वाभाविक वैर की संप्राप्ति के लिये इन्होने ब्रह्माजी की तपस्या की

फलस्वरूप इन्हें भूमि का भार वहन करने का वरदान प्राप्त हुआ तभी से यह सदैव भूमि को अपने फणों पर धारण करते हैं।

- **वासुकि–** सौम्यप्रकृति के वासुकि ने समुद्रमन्थन में रस्सी के रूप में सहयोग दिया, इसके अतिरिक्त इन्होनें अपनी बहिन जरत्कारु का विवाह जरत्कारु ऋषि के साथ किया, उनके पुत्र आस्तिक ने सर्पयज्ञ का विराम करवा कर तक्षकसर्प की प्राणरक्षा की।

- **अनन्तनाग–** यह पराक्रमी और अत्यन्त बलशाली नाग हैं। भगवान विष्णु की आज्ञा से इन्होनें मन्दराचल को उखाड़ लिया था जिसे देवता भी उखाड़ने में समर्थ नही थे अत: यह अग्रणी कहे गये है–

  अथ पर्वतराजानं तमनन्तो महाबल: ।

  उज्जहार बलाद् ब्रह्मन् सवनं सवनौकसम् ।।

- **कर्कोटक–** यह अत्यन्त भयानक कृष्णवर्ण का सर्प है अपनी माता कद्रू के निर्देशानुसार इन्होनें पूर्णत: धवल उच्चैश्रवा अश्व की पूंछ पर लिपट कर अपनी माता को विजयी बनाया था।

- **कालियनाग–** यह यमुना में निवास करने वाला असंख्यफणों वाला अत्यन्त विषैला नाग था। उसके निवास करने के कारण यमुना का जल इतना विषाक्त हो गया था कि जो भी उस जल का सेवन करता था तुरन्त ही मर जाता था। श्रीकृष्ण के द्वारा इसी नाग के दमन की कथा घर–घर में विश्रुत है।

- **तक्षक–** अत्यन्त विषैले भयंकर नाग के रूप में तक्षक का नाम लिया जाता है। पाण्डवों के वंशज परिक्षित की मृत्यु इसी सर्प के दंश से हुई। दुष्टप्रवृति का यह सर्प इन्द्र के मित्र के रूप में भी प्रसिद्ध है।

इसके अतिरिक्त राक्षसराज रावण की पत्नी मंदोदरी और मेघनाद की पत्नी सुलोचना भी नाग कन्याएँ थी। सीता की खोज के लिये जाते हुए वीर–हनुमान की परीक्षा लेने वाली सुरसा भी नागों की माता कही गयी थी। भगवान् श्रीराम और लक्ष्मण का हरण करने वाला अहिरावण भी नागवंशीय था। पाण्डवों की माता कुन्ती भी नागकुलीन कन्या थी और इसी संबंध के कारण भीम को सहस्र हाथियों के बल की शक्ति प्राप्त हुई। अर्जुनपत्नी उलूपी भी नागकन्या थी। महाभारत कथानायक भगवान् श्रीकृष्ण के अग्रज बलराम भी शेषनाग के अवतार माने जाते हैं। इसका तात्पर्य है कि प्राचीनकाल में नागों और मनुष्यों के मध्य वैवाहिक संबंध होते थे। हो सकता है कि ये सर्पविष के ज्ञाता मनुष्यों की एक प्रजाति हो परन्तु पौराणिक आख्यानों में इनका चित्रण सर्परूप में ही प्राप्त होता है।

वर्तमानकाल में भी इन्हें पितर योनि से सम्बद्ध माना जाता है और इनका स्थान परिण्डा (पीने का पानी रखने के स्थान) माना जाता है। श्रावण और भाद्रपद मास में क्रमश: नागपंचमी और गोगानवमी के दिन सर्पत्रास के निवारण के लिये इनकी आराधना की जाती है।

जनमानस के आस्थाकेन्द्र भगवान शिव भी नागाधिपति कहलातें हैं। उनका स्वरूप भी बहुत कुछ चिकित्सा के गूढ रहस्यों को उद्‌घाटित करता है। कालकूट नामक विष उनके गले में स्थित है अत: विषदाह के निवारण के लिये काले विषैले नाग को गले में धारण किया। अन्तर्विष की चिकित्सा बाह्यविष ने की अत: भगवान् शिव पर विषदाह की मारक क्षमता का प्रभाव नहीं हुआ। शिव की आराधना में प्रयुक्त होने वाले सभी द्रव्य विषहारक हैं। विष्णु भगवान की शय्या भी शेषनाग की मानी जाती है। लक्ष्मण भी शेषनाग के अवतार माने जाते हैं। योगसूत्रकार एवम् महाभाष्यकार पतंजलि तथा चरकसंहिताकार चरक भी शेषनाग के अवतार माने जाते हैं। कहा जाता है कि वर्तमान कश्मीर भी नागवंश के अधीन था कश्यपर्षि के द्वारा बसाये जाने के कारण कश्मीर कहलाया। अनंतनाग, शेषनाग इत्यादि स्थलों के नामकरण इस उक्ति को पुष्ट करते हैं। इसी प्रकार पुराणों के अनुसार पश्चिम राजस्थान का प्रवेश द्वार कहे जाने वाले जोधपुर को भी ''भौगिशैल'' नामक पर्वत पर स्थापित बताया है। तथा नागौर भी नागलोक नागों की राजधानी के रूप में विख्यात था। नागौर के प्राचीन नाम ''अहिछत्त्रपुर'' से भी इस मत की पुष्टि होती है।

इस प्रकार सर्पों एवं मनुजों के संबंध का एक सुदीर्घ इतिहास है जो हमारे साहित्य में विस्तृत रूप में उपलब्ध होता है।

2

अथर्ववेदीय विषनिवारक सूक्त

डॉ. मोनिका वर्मा

यह सम्पूर्ण जगत् वेदों में विहित विज्ञान के लिए उपकृत है। ऋग्वेद, सामवेद, यजुर्वेद और अथर्ववेद के रूप में वैदिक–साहित्य को चर्तुधा विभाजित किया गया है। ऐहिक विषयों का विवेचन प्राप्त होने के कारण अथर्ववेद लोकव्यवहार की दृष्टि विशेष उपयोगी है। इसी क्रम में अथर्ववेद में प्राप्त विष–निवारक मन्त्रों को यहाँ पर प्रस्तुत किया जा रहा है –

ददिर्हि मह्यं वरुणो दिवः कविर्वचोभिरुग्रैर्निरिणामि ते विषम्।
खातमखातमुत सक्तमग्रभमिरेव धन्वन्नि जजास ते विषम्।।
यत् ते आपोदकं विषं तत् त एतास्वग्रभम्।
गृह्णामि ते मध्यममुत्तमं रसमुतावमं भियसा नेशदादु ते।।
वृषा मे रवो नभसा न तन्यतुरुग्रेण ते वचसा बाध आदु ते।
अहं तमस्य नृभिरग्रभं रसं तमस इव ज्योतिरुदेतु सूर्यः।।
चक्षुषा ते चक्षुर्हन्मि विषेण हन्मि ते विषम्।
अहे म्रियस्व मा जीवीः प्रत्यगभ्येतु त्वा विषम् ।।
कैरात पृश्न उपतृण्य बभ्र आ ते शृणुतासिता अलीकाः।
मा मे सख्युःस्तामानमपि ष्ठाताश्रावयन्तो नि विषे रमध्वम्।।
असितस्य तैमातस्य बभ्रोरपोदकस्य च।
सात्रासाहस्याहं मन्योरव ज्यामिव धन्वनो वि मुंचामि रथाँ इव।।
आलिगी च विलिगी च पिता च माता च।
विद्मः वः सर्वतो बध्वरसाः किं करिष्यथ।।
उरुगूलाया दूहिता जाता दास्यस्क्निया।
प्रतङ्कं दद्रुषीणां सर्वासामरसं विषम।।
कर्णा श्वावित् तदब्रवीद् गिरेरवचरन्तिका।
याः काश्चेमाः खनित्रिमास्तासामरसतमं।।

तावुवं न तावुवं न घेत् त्वमसि तावुवम्।
तबुवेनारसं विषम्।।
तस्तुवं तस्तुवं न घेत् त्वमसि तस्तुवम्।
तस्तुवेनारसं विषम्।। *(अथर्ववेद 5/13)*

इसी प्रकार से अथर्ववेद में 10/4/1-26 में निम्न मन्त्र प्राप्त होते है -

इन्द्रस्य प्रथमो रथो देवानामपरो रथो वरुणस्य तृतीय इत्।
अहीनामपमा रथः स्थाणुमारदथार्षत्।।
दर्भःशोचिस्तरुणकमश्वस्य वारः परुषस्य वारः।
रथस्य बन्धुरम्।।
अव श्वेत पदा जहि पूर्वेण चापरेण च।
उदप्लुतमिव दार्वहीनामरसं विषं वारुणम्।।
अरंघुषो निमज्योन्मज्य पुनरब्रवीत्।
उदप्लुतमिव दार्वहीनामरसं विषं वारुग्रम्।।
पैद्वो हन्ति कसर्णीलं पैद्वः श्वित्रमुतासितम।
पैद्वो रथर्व्याः शिरः सं बिभेद पृदाक्वाः।।
पैद्व प्रेहि प्रथमोऽनु त्वा वयमेमसि।
अहीन् व्यस्यतात् पथो येन स्मा वयमेमसि।।
इदं पैद्वो अजायतेदमस्य परायणम्।
इमान्यर्वतः पदाहिघ्न्यो वाजिनीवतः।।
संयतं न विष्परद् व्यात्तं न सं यमत्।
अस्मिन् क्षेत्रे द्वावही स्त्री च पुंमांश्च तावुभावरसा।।
अरसास इहाहयो ये अन्तिके ये च दूरके।
घनेन हन्मि वृश्चिकमहिं दण्डेनागतम्।।
अघाश्वस्येद भेषजमुभयोः स्वजस्य च।
इन्द्रो मेऽहिमघातयन्तमहिं पैद्वो अरन्धयत्।।
पैद्वस्य मन्महे वयं स्थिरस्य स्थिरधाम्नः।
इमे पश्चा पृदाकवः प्रदीध्यत आसते।।
नष्टासवो नष्टविषा हता इन्द्रेण वज्रिणा।
जघानेन्द्रो जघ्निमा वयम्।।

हतास्तिरश्चिराजयो निपिष्टासः पृदाकवः।
दर्विं करिक्रतं श्वित्रं दर्भेष्वसितं जहि॥
कैरातिका कुमारिका सका खनति भेषजम्।
हिरण्ययीभिरभ्रिभिर्गिरीणामुप सानुषु॥
आयमगन् युवा भिषक् पृश्निहापराजितः।
स वै स्वजस्य जम्भन् उभयोवृश्चिकस्य च॥
इन्द्रो मेऽहिमरन्धयन्मित्रश्च वरुणश्च।
वातापर्जन्योऽभा॥
इन्द्रो मेऽहिमरन्धयत् पृदाकुं च पृदाक्वम्।
स्वजं तिरश्चिराजिं कसर्णीलं दशोनसिम्॥
इन्द्रो जघान प्रथमं जनितारमहे तव।
तेषामु तृह्यमाणानां कः स्वित् तेषामसद् रसः॥
सं हि शीर्षाण्यग्रभं पौंजिष्ठ इव कर्वरम्।
सिन्धोर्मध्यं परेत्य व्यनिजमहेर्विषम्॥
अहीनां सर्वेषां विषं परा वहन्तु सिन्धवः।
हतास्तिरश्चिराजयो निपिष्टासः पृदाकवः॥
ओषधीनामहं वृण उवरीरिव साधुया।
नयाम्यर्वतीरिवाहे निरैतु ते विषम्॥
यदग्नौ सूर्ये विषं पृथिव्यामोषधीषु यत्।
कान्दाविषं कनक्रकं निरैत्वैतु ते विषम्॥
ये अग्निजा ओषधिजा अहीनां ये अप्सुजा विद्युत आबभूबुः।
येषां जातानि बहुधा महान्ति तेभ्यः सर्पेभ्यो नमसा विधेम॥
तौदी नामासि कन्या घृताची नाम वा असि।
अधस्पदेन ते पदमा ददे विषदूषणम्॥
अंगादंगात् प्र च्यावय हृदयं परिवर्जय।
अधा विषस्य यत् तेजोऽवाचीनं तदद‍ु ते॥
आरे अभूद् विषमरौद् विषे विषमप्रागपि।
अग्निर्विषमहेर्निरधात् सोमो निरणयीत्।
दंष्टारमन्वगाद् विषमहिरमृत॥ *(अथर्ववेद-10/4/1-26)*

अथर्ववेद के 6/12/1-2 तथा अथर्ववेद-7/88/1-3 में विषनिवारक निम्न मन्त्र प्राप्त होते है-

परिद्यामिव सूर्योऽहीनां जनिमागमम्
रात्री जगदिवान्यद्धंसात् तेना ते वारये विषम् ।।
यद् भूतं भव्यमासन्वत् तेना ते वारये विषम् ।
मध्वा पृंचे नद्यः पर्वता गिरयो मधु ।
मधु परुष्णी शीपाला शमास्ने अस्तु शं हृदे ।। ***(अथर्ववेद 6/12/1-2)***
मा नो देवा अहिर्वधीत् सतोकान्सहपुरुषान् ।
संयतं न वि ष्परद् व्यात्तं न सं यमन्नमो देवजनेभ्यः ।।
नमोऽस्त्वसिताय नमस्तिरश्चिराजये ।
स्वजाय बभ्रवे नमो नमो देवजनेभ्यः ।। (2)
सं ते हन्मि दता दतः समु ते हन्वा हनू ।
सं ते जिह्वया जिह्वां सम्वास्नाह आस्यम् ।। (3)
अपेह्यरिस्यरिर्वा असि । विषे विषमपृक्था विषमिद् ।
वा अपृक्थाः । अहिमेवाभ्यपेहि तं जहि ।। ***(अथर्ववेद-7/88/1-3)***

उक्त सभी अथर्ववेदीय मंत्रों में सर्पों के विविध प्रकार के नामों के साथ सर्पों से दूर रहने की प्रार्थना की गई है। ऐसी मान्यता थी कि इन मंत्रों का सस्वरपाठ ऐसी स्थिति उत्पन्न करता था कि सर्प उस स्थान से पलायन कर जाते हैं, विष का प्रभाव दूर हो जाता होगा क्योंकि इन मंत्रों में सर्प की प्रशंसा की गई है अथवा इन्द्र के पराक्रम का वर्णन किया गया है या फिर उन्हें कहा गया है कि वे उस स्थान को छोड़कर चले जाये। यद्यपि आज के वैज्ञानिकयुग में यह हास्यास्पद माना जाता है तथापि यह ध्यान देने योग्य है कि वर्तमान में मंत्रो की उपयोगिता पर प्रयोगशालाओं में परीक्षण हो रहे हैं तथा आश्चर्यजनक परिणाम आ रहे हैं। यदि श्रद्धा और विश्वास से इन मंत्रों का प्रयोग किया जाये तो चिकित्सा सम्भव है।

3

महाभारत में सर्पनिवारकश्लोक

डॉ. मोनिका वर्मा

आस्तिक नामक ऋषि के नामोल्लेख से युक्त यह मंत्र सर्पविष के निवारण के लिये प्रयुक्त किया जाता है। जो इस मंत्र को नहीं जानते वे तीन बार आस्तिक के नाम का उच्चारण करें तो सर्प वहाॅ से पलायन कर जाता है।

असितं चार्तिमन्तं च सुनीथं चापि यः स्मरेत्।
दिवा वा यदि वा रात्रौ नास्य सर्पभयं भवेत्।।
यो जरत्कारुणा जातो जरत्कारौ महायशाः।
आस्तीकः सर्पसत्रे वः पन्नगान् योऽभ्यरक्षत।।
तं स्मरन्तं महाभागा न मां हिंसितुमर्हथ।
सर्पापसर्प भद्रं ते गच्छ सर्प महाविष।।
जनमेजयस्य यज्ञान्ते आस्तीकवचनं स्मर।
आस्तीकस्य वचः श्रुत्वा यः सर्पों न निवर्तते।।
शतधा भिद्यते मूर्ध्नि शिंशवृक्षफल यथा।

उक्त मन्त्रों में –

सर्पापसर्प भद्रं ते गच्छ सर्प महाविष।
जनमेजयस्य यज्ञान्ते आस्तीकपचनं स्मर।।

इस श्लोक का विशेष महत्त्व है। ऐसी मान्यता है कि पूर्ण श्रद्धा और निष्ठा से इस श्लोक का उच्चारण किया जाये तो सर्प वहाँ से चला जाता है। ग्रामीण क्षेत्रों में लोगों द्वारा लोकदेवताओं के नाम का धागा बांधने तथा उस धागे से सर्पदंश से रक्षा के अनेक उदाहरण प्राप्त होते हैं।

4

अग्नि–गरुड़ पुराण में सर्पविष चिकित्सा

डॉ. नन्दिता सिंघवी

विष का प्रभाव होते ही तुरन्त वमन (कै) कराना, शीतल जल डालना तथा घी (गाय का घी) और शहद मिश्रित विषनाशक ओषधि (अगद) पिलानी चाहिए। महापुराणों में सभी प्रकार के विशेषत: (अग्निपुराण एवं गरुड़पुराण में जंगम विषों का नाश करने वाली ओषधि, वनस्पतियों का उल्लेख मिलता है। (अग्निपुराण एवं गरुड़पुराण में विष–चिकित्सा हेतु निम्नांकित औषधीय योग दृष्टिगत होते हैं–

सर्वविष नाश – पुराणों में सभी प्रकार के विषों को नष्ट करने हेतु औषधीय योग प्राप्त होते हैं, जो निम्नांकित हैं –

1. कंजे (करंज) के बीज, वरुण वृक्ष के पत्ते, तिल और सरसों इन सभी का पीसा हुआ लेप विष को दूर करता है। *(गरुड़पुराण 1.191.23)*
2. चावल के धोवन में शिरीषवृक्ष की जड़ पीसकर पीने से विषदोष दूर होता है। *(गरुड़पुराण 1.177.20)*
3. दही, घी, चौलाई, गृह–धूम, हल्दी, मधु और सेंधानमक को पीसकर पीना विषनाशक है। घी मिश्रित अंकोल की जड़ का क्वाथ पीने से भी विषदोष दूर हो जाता है। *(गरुड़पुराण 1.177.21)*
4. इन्द्रवारुणी की जड़ को जल के साथ पीने से विष दोष नष्ट होते हैं। चम्पा की जड़ को पीस कर पीने से करने से उक्त दोष दूर हो जाते हैं। *(गरुड़पुराण 1.184.32)*
5. पाठा की जड़ को पीसकर गाय का घी के साथ पान करने पर सभी प्रकार का विष दोष दूर हो जाता है। *(गरुड़पुराण 1.198.9)*
6. काली तुलसी और अंकोल की जड़ के क्वाथ को तीन रात तक पीने से सामान्य अथवा कृत्रिम विष का प्रभाव नष्ट हो जाता है। *(गरुड़पुराण 1.191.13)*

7. बरगद, नीम और शमीवृक्ष (खेजड़ी) की छाल के क्वाथ से सेंक करने पर मुख और दांत की विष वेदना नष्ट हो जाती है। देवदारु और गैरिक के चूर्ण का लेप करने से भी इस विष को शान्त किया जा सकता है। *(गरुड़पुराण 1.191.21)*
8. चौलाई के मूल को चावल के धोवन में पीसकर घी के साथ पान करने पर सभी प्रकार के विष नष्ट हो जाते हैं। *(गरुड़पुराण 1.191.7)*
9. श्वेतगुंजापुष्प तथा मूल को लेकर अपने मुख में रखने से नाना प्रकार के विषों का नाश होता है। *(गरुड़पुराण 1.189.14)*
10. वृश्चिकमूल अर्थात् बिछिया की जड़ को बासी जल के साथ पीसकर लेने से सभी प्रकार के विषदोष विनष्ट हो जाते हैं। (गरुड़पुराण 1.189.7)
11. सोंठ, मिर्च, पिप्पली, मोर के पंख, बिलाव की हड्डी और नेवले के रोंये इन सबके समभाग को पीसकर भेड के दूध में मिलाकर धूप देने से सब प्रकार का विष दूर हो जाता है। *(अग्निपुराण 298.6)*
12. सिन्धुवार (निर्गुण्डी), अश्वगंधा तथा लहसुन का लेप विषनाशक है। *(अग्निपुराण 298.7)*
13. लहसुन, हींग, कुष्ठ, वचा, सोंठ, मिर्च और पिप्पली का चूर्ण विष दूर करने वाला होता है। *(अग्निपुराण 298.3)*
14. यदि केवल विष ही खाया गया हो तो कमल और शीतल जल का प्रयोग करना चाहिए। *(अग्निपुराण 298.24)*

इस प्रकार अग्निपुराण और गरुड़पुराण में वर्णित औषधीय-योग सहज, सरल और सुगम होने के साथ लाभदायक एवं दुष्प्रभावरहित हैं। वर्तमान परिप्रेक्ष्य में इन औषधीय योगों का वैज्ञानिक परीक्षण कर इनकी पुन:प्रतिष्ठा की जानी चाहिए।

5
संहिताग्रन्थों में जंगम विषचिकित्सा

डॉ. राजेन्द्र प्रसाद पूर्विया, डॉ. लक्ष्मीनारायण शर्मा, डॉ. मोनिका वर्मा

आयुर्वेदग्रन्थों में विषचिकित्सा का विशद वर्णन मिलता है। मुख्यतः सुश्रुतसंहिता का सम्पूर्ण कल्पस्थान, चरकसंहिता के चिकित्सास्थान का 23 वॉ अध्याय, अष्टांगहृदय के उत्तरतन्त्र का 35 से 38 वॉ अध्याय, अष्टांगसंग्रह के उत्तरतन्त्र का 40 वॉ अध्याय, हारीतसंहिता के तृतीयस्थान का 56 वॉ अध्याय और भावप्रकाश के चिकित्सास्थान का 67वाँ अध्याय में विषचिकित्सा से सम्बद्ध प्रचुर सामग्री मिलती है। इसके अतिरिक्त काश्यपसंहिता, शार्ङ्गधरसंहिता, योगरत्नाकर एवं सिद्धभैषज्यमणिमाला में भी यत्र-तत्र विषचिकित्साविषयक प्रसंग प्राप्त होते हैं। विषविज्ञान को **अगद** कहते हैं। विषविज्ञान वह विज्ञान है जिसमें विषाक्तप्राणी के दंश लक्षण तथा प्राण-रक्षार्थ की जाने वाली चिकित्सा का ज्ञान किया जाता है। सुश्रुतसंहिता के अनुसार जीवजन्तुओं के 16 भागों में विष के स्थान बतलाये गये हैं जैसे दिव्यसर्प के निःश्वास में, सामान्य सर्प के दांतों में, बिल्ली, कुत्ता, बन्दर, छिपकली के नख में विष होता है, छोटे कीड़ों के मल-मूत्र में विष होता है, चूहों के शुक्र में विष होता है, मकड़ी के लार, मल एवं मूत्र में विष होता है, बिच्छू की पूंछ में विष होता है, मक्खी एवं जौंक के मुख में विष होता है। इन विषों का मनुष्य की शारीरिक एवं मानसिक दृढता के आधार पर अलग-अलग प्रभाव पड़ता है परन्तु सर्प एवं बिच्छू का जहर मनुष्य को अन्यन्त पीड़ा देते हैं। चिकित्सा न करने पर मृत्यु भी हो जाती है, अतः इनके विष की चिकित्सा पर प्रधानता रहती है। सदियों से सर्पविष के प्रति लोगों में धारणा व्याप्त रही है इसलिये आयुर्वेदीय ग्रन्थों में सर्पों की प्रजातियों के विविध प्रकार तथा उनकी चिकित्सा के लिए औषधयोग एवं विभिन्न प्रकार के अगद बतलाये गये हैं।

विष प्रकरण

विष की उत्पत्ति

देवता और राक्षस अमृत प्राप्ति के लिए समुद्र मन्थन कर रहे थे तब अमृत निकलने के पहले भयंकर स्वरूप वाला पुरुष उत्पन्न हुआ, उस पुरुष का तेज

अत्यन्त चमक रहा था, उसके बडे बडे दाँत थे, उसके केश हरितवर्ण के, नेत्र अग्नि के समान प्रकाशवान था ऐसे पुरुष को देखकर सम्पूर्ण उपस्थित प्राणी विषाद को प्राप्त हो गये इसलिए उसका का नाम विष रखा गया।

अमृतार्थं समुद्रे तु मथ्यमाने सुरासुरैः।
जज्ञे प्रागमृतोत्पत्तेः पुरूषो घोरदर्शनः।।
जाश्वतुदष्ट्रो हरिकेशोऽनलेक्षणः।
जगद्विषण्णं तं दृष्ट्वा तेनासौ विषसंज्ञितः।। *(च.चि. 23/4-5)*

विष पर ऋतुओं का प्रभाव

विष की उत्पत्ति जल से होती है इसलिए वर्षा ऋतु में विष जल के समान गीला होकर सम्पूर्ण शरीर में फैल जाता है। वर्षा ऋतु के समाप्त हो जाने पर अर्थात शरद्-ऋतु में अगस्त्य नामक तारा उदय होता है, वह अगस्त्य तारा विष के प्रभाव को नष्ट कर देता है। इसलिए शरद्ऋतु में विष का वीर्य मन्द हो जाता है।

विषवृद्धि का समय

तारुण्यमध्यवृद्धत्वे वृष्टिशीतातपेषु च।
विषोल्बणा भवन्त्येते व्यन्तरा ऋतुसन्धिषु।। *(अ. हृ. उ. 36/3)*

इस श्लोकानुसार विविध प्रजाति के सर्पों में विषवृद्धि इस प्रकार कही गयी हैं –

- **दर्वीकर–** सर्प का विष तरुणावस्था तथा वर्षा ऋतु में तीव्र होता है।
- **मण्डली–** मण्डली सर्प का विष मध्यमावस्था तथा शीतऋतु में तीव्र होता है।
- **राजीमान–** सर्प का विष वृद्धावस्था तथा ग्रीष्मकाल में तीव्र होता है।
- **संकर जाति–** सर्पों के विष ऋतु-सन्धियों में तीव्र होते हैं।

विष के गुण

आयुर्वेद के आचार्यों ने विष के 10 गुण बताये हैं तथा विष शरीर पर किस प्रकार से कार्य करता है, इसकी भी विवेचना की है–

लघुरूक्षमाशुविशदं व्यवायितीक्ष्णं विकासिसूक्ष्मं च।
उष्णमनिर्देश्यरसं दशगुणमुक्तं विषं तज्ज्ञैः।।
रौक्ष्याद्वातमशैत्यात्पित्तं सौक्ष्म्यादसृक् प्रकोपयति।
कफमव्यक्तरसत्वादन्नरसांश्चानुवर्तते शीघ्रम्।। *(च.चि. 23/24)*

शीघ्रं व्यवायिभावादाशु व्याप्नोति केवलं देहम्।
तीक्ष्णत्वान्मर्मघ्नं प्राणघ्नं तद्विकासित्वात्।।
दुरुपक्रमं लघुत्वाद्वैशद्यात् स्यादसक्तगतिदोषम्।
दोषस्थानप्रकृती: प्राप्यान्यतमं ह्युदीरयति।। *(च. चि. 23/25-27)*

अर्थात विष में निम्न दस गुण होते है –

1	लघु	2	रूक्ष	3	आशु	4	विशद
5	व्यवायी	6	तीक्ष्ण	7	विकासि	8	सूक्ष्म
9	उष्ण	10	अव्यक्त				

उक्त गुणों के आधार पर विष के प्रभाव निम्न प्रकार से होते हैं –

1 **लघु :**– लघु होने से इसकी चिकित्सा कठिन होती है।

2 **रूक्ष :**– विष रूक्ष होता है इसलिए यह वात को कुपित करता है।

3 **आशु :**– आशुकारी गुण होने से सम्पूर्ण शरीर में व्याप्त हो जाता है।

4 **विशद :**– विशद होने से दोषों की गति एक स्थान पर स्थिर नहीं होती है। यद्यपि यह वातादि तीनों दोषों को कुपित करता है परन्तु दोषस्थान के अनुसार मनुष्य की प्रकृति के अनुसार वातादि एक–एक दोष को अधिक कुपित करता है।

5 **व्यवायी :**– व्यवायी गुण होने से सम्पूर्ण शरीर में व्याप्त हो जाता है।

6 **तीक्ष्ण :**– तीक्ष्ण गुण के द्वारा मर्मों को नष्ट कर देता है तथा मर्मों के नष्ट होने पर रोगी की मृत्यु हो जाती है।

7 **विकासि :**– विकासी होने से प्राणों को नष्ट करता है।

8 **सूक्ष्म :**– सूक्ष्म गुण से रक्त को कुपित करता है।

9 **उष्ण :**– उष्ण होने से पित्त को प्रकुपित करता है।

10 **अव्यक्त :**– अव्यक्तरस होने से कफ को कुपित करता है तथा शीघ्र ही अन्यरसों में अनुवर्तन कर जाता है।

विष के आश्रय

स्थावरं जङ्गमं चैव द्विविधं विषमुच्यते।
दशाधिष्ठानमाद्यं तु द्वितीयं षोडशाश्रयम्।। *(सु.क. 2/3)*

इसकी विवृति में प्राप्त होता है कि ब्रह्मा ने उस विष को को स्थावर और जंगम योनियों में नियुक्त कर दिया, इसलिए समुद्रमन्थन करते समय जल से उत्पन्न,

अग्नि के समान चमकने वाला विष दो प्रकार का हुआ अर्थात विष के दो अधिष्ठान बतायें हैं।

1 स्थावर 2 जंगम या जांगम

स्थावर– स्थावर विष के मूल, पत्र, फल, पुष्प, त्वक्, क्षीर, सार, निर्यास, कन्द और धातु ये 10 अधिष्ठान होते हैं।

मूलं पत्रं फलं त्वक् क्षीरं सार एव च।
निर्यासो धातवश्चैव कन्दश्च दशमः स्मृतः।। *(सु.क. 2/4)*

जंगम विष के अधिष्ठान

सर्प, कीट, मूषक, लूता, बिच्छू, छिपकली, मछली, मेंढ़क, टिड्डी, गिरगिट, सिंह, बाघ, गीदड़, सियार, नेवला आदि दाढ़ वाले प्राणी है उनकी दाढ़ से उत्पन्न होने वाले विष को जंगम विष कहा जाता है। अर्थात चर प्राणियों में जो विष होता है उसे जांगम या जंगम विष कहते हैं। विषाक्त प्राणियों के शरीर के सोलह आश्रय या अधिष्ठानों में विष व्याप्त रहता है। जिनके द्वारा विष एक जीव से दूसरे जीव में प्रवेश करता है। यह 16 अधिष्ठान निम्न है–

दृष्टिनिःश्वासदंष्ट्रानखमूत्रपुरीषशुक्रलालार्तवमुखसन्दंशविशर्धिततुण्डास्थिपित्तशूकशवानीति।

(सु. क. 3/4)

क्र.	अधिष्ठान	उदाहरण
1.	दृष्टि	– दिव्यसर्प तक्षक जिनके देखने मात्र से विष प्रसरित होता है।
2.	निःश्वास	– दिव्यसर्प तक्षक जिनके निःश्वास छोड़ने मात्र से विष प्रसरित होता है।
3.	दंष्ट्रा या दाँत	– बिल्ली, बन्दर, कुत्ता, मकर, मेंढ़क, शम्बूक (जल में उत्पन्न होने वाला जीव), गोधा, गिरगिट, सियार, छिपकली आदि।
4.	नख या नाखून	– बिल्ली, बन्दर, कुत्ता, मकर, मण्डूक, शम्बूक, गोधा, गिरगिट, सियार, छिपकली आदि।
5.	मूत्र –	– चिपिट (छोटा कीड़ा), पिच्चिटक (कीट विशेष), तोटक, कषायवासिक और सर्पवासिक।

क्र.	अधिष्ठान	उदाहरण
6.	पुरीष	– चिपिट, पिच्चिटक, तोटक, कषायवासिक और सर्पवासिक।
7.	शुक्र	– चूहा।
8.	लालास्राव या लार	– मकड़ी (लूता अर्थात् मकड़ी के लाला, मूत्र, मल, मुख, संदंश, नख, शुक्र और आर्त्तव में विष)।
9.	आर्त्तव	– मकड़ी।
10.	आर	– बिच्छू, विश्वम्भर, वरटी (कीट विशेष) और उच्चिटिंग (कीट विशेष)।
11.	संदंश	– मक्षिका, कणभ(भौंरा), जलौका (जौंक)।
12.	विशर्धित	– चित्रशिर, सराव, कुर्दिशत, दारुकारि और मेदक, सारिकामुख।[1]
13.	तुण्डास्थि	– वरटी, मछली और जो विष के सेवन से मारा गया हो।
14.	पित्त	– वरटी और रक्तराजी मत्स्य के पित्त में।
15.	शूक	– मच्छर और झिंगुर।
16.	शव	– कीट और सर्प।

जंगम विष का सामान्य प्रभाव

यदि जंगम विष का प्रभाव शरीर में हो जाये तो वह व्यक्ति के शरीर में निद्रा, तन्द्रा, क्लम, दाह, पाक, रोमांच, शोथ और अतिसार आदि को उत्पन्न करता है।

विष की गति

जंगम विष का शरीर में प्रवेश होने पर उनकी गति ऊर्ध्वभाग में होती है और स्थावर या मूलविष की गति अधोभाग में होती है इसलिए जंगमविष का संसर्ग होने पर मूलविष का प्रयोग और मूलविष के सेवन करने पर जंगमविष का प्रयोग किया जाता है। परस्पर विरुद्धगति होने से एक विष अन्य के प्रभाव को नष्ट करने वाला होता है।

1 ये पृथक्-पृथक् प्रकार के छोटे-छोटे कीड़े है।

आयुर्वेद मतानुसार सर्पों का वर्गीकरण

जंगम विषों में सर्प सबसे अधिक प्राणघाती जीव है एवं सर्पविष सबसे भयानक विष होता है। सर्प स्वभाव से डरपोक एवं आलसी जीव है। यह क्रोधित होने पर ही प्राणियों को काटता है। सर्प के सम्पूर्ण शरीर में विष व्याप्त रहता है। सर्पों के क्रोधित होने पर विष सम्पूर्ण शरीर से खिंचकर दाँतों में आ जाता है और काटने पर दूसरे प्राणियों के शरीर में चला जाता है।

ऐसे सर्प जो भूमि पर विचरण करते हैं उनकी संख्या 80 है। ये सर्प दर्वीकर, मण्डली, राजिमान, निर्विष एवं वैकरंज भेद से पाँच प्रकार के होते हैं।

क्रमांक	**प्रकार**	**संख्या** *(सुश्रुत संहिता 80)*
1.	दर्वीकर	26
2.	मण्डली	22
3.	राजीमान	10
4.	वैकरंज	10
5.	निर्विष	12

- **दर्वीकरसर्प (कोबरा)**– जिन सर्पों के फण होता है और जिनके फण पर चक्र, हल, छत्र, स्वस्तिक और अंकुश का चिन्ह होता है, जो शीघ्र गमन करने वाले होते हैं, ऐसे सर्प दर्वीकर होते हैं। ये सर्प वातदोष को कुपित करने वाले होते हैं। ये सर्प तरुणावस्था में मृत्यु का कारण होते है। इन सर्पों की प्रजातियां इस प्रकार है– (1) कृष्णसर्प (2) महाकृष्ण (3) कृष्णोदर (4) श्वेतकपोत (5) महाकपोत (6) बलाहक (7) महासर्प (8) शंखकपाल (9) लोहिताक्ष (10) गवेधुक (11) परिसर्प (12) खण्डफण (13) ककुद (14) पद्म (15) महापद्म (16) दर्भपुष्प (17) दधिमुख (18) पुण्डरीक (19) भृकुटीमुख (20) विष्किर (21) पुष्पाभिकीर्ण (22) गिरिसर्प (23) ऋजुसर्प (24) श्वेतोदर (25) महाशिर (26) अलगर्द आदि आशीविष होते हैं। दर्वीकर सर्प का विष रूक्ष और कटु होता है इसलिए यह वात को कुपित करता है।
- **मण्डली सर्प (वाईपर)**– गोलाकार फण वाले तथा विभिन्न प्रकार के मण्डलों से युक्त, चपटे, मन्दगति वाले, अग्नि और सूर्य के समान कान्ति वाले सर्प मण्डली होते हैं। ये सर्प पित्तदोष को कुपित करने वाले और वृद्धावस्था में मृत्यु के कारण होते हैं। इन सर्पों की प्रजातियां इस प्रकार है– (1) आदर्शमण्डल

(2) श्वेतमण्डल (3) रक्तमण्डल (4) चित्रमण्डल (5) पृषत् (6) रोध्रपुष्प (7) मिलिन्द (8) गोनस (9) वृद्धगोनस (10) पनस (11) महापनस (12) वेणुपत्रक (12) शिशुक (13) मदन (14) पालिन्दिर (15) पिंगल (16) तन्तुक (17) पुष्पपाण्डु (18) षडंग (19) अग्निक (20) बभ्रु (21) कषाय (22) पारावत (23) हस्ताभरण (24) चित्रक (25) ऐणीपद मण्डलिन सर्प का विष अम्ल और उष्ण होता है इसलिए यह पित्त को कुपित करता है। यहाँ पर आचार्य सुश्रुत ने 22 मण्डली सर्पों के प्रकार बताये हैं परन्तु नामत: 25 प्रकार के सर्पों का उल्लेख मिलता है।

- **राजीमान सर्प–** जिन सर्पों के शरीर पर बिन्दुवत रेखाऐं होती है और उन्ही रेखाओं से सारा अंग चिह्नित रहता है तथा जो स्निग्ध, विभिन्न रंगो की टेढी और ऊपर जाती हुयी रेखाओं से युक्त एवं चित्रित होते हैं, वे सर्प राजिमान होते हैं। ये सर्प कफदोष को कुपित करने वाले होते हैं। ये सर्प मध्यावस्था में मृत्यु का कारण होते हैं। इन सर्पों की प्रजातियां इस प्रकार है– (1) पुण्डरीक (2) राजिचित्र (3) अंगुलराज (4) बिन्दुराजि (5) कर्दमक (6) तृष्णशोषक (7) सर्षपक (8) श्वेतहनु (9) दर्भपुष्प (10) चित्रक (11) गोधूमक (12) किक्किसाद होते हैं। राजिवान सांप का विष मधुर और शीतल होता है। इसलिए यह कफ को कुपित करता है। यहॉ पर आचार्य सुश्रुत ने 10 राजीमान सर्पों के प्रकार बताये हैं परंतु नामत: 12 प्रकार के सर्पों का उल्लेख मिलता है।
- **वैकरंज सर्प–** यह सर्प दर्वीकर आदि तीनों प्रकार के सर्पों में विपरीत जाति से उत्पन्न होते हैं। इन सर्पों की प्रजातियां इस प्रकार है– (1) माकुलि (2) पोटगल (3) स्निग्धराजि (4) दिव्येलक (5) रोध्रपुष्पक (6) राजिचित्रक (7) पोटगल (8) पुष्पाभिकीर्ण (9) दर्भपुष्प (10) वेल्लितक।
- **निर्विष सर्प–** निर्विष सर्पों की प्रजातियां इस प्रकार है– (1) गलगोली (2) शूकपत्रक (3) अजगर (4) दिव्यक (5) वर्षारोहिक (6) पुष्पशकली, (7) ज्योतीरथ (8) क्षीरिकापुष्पक (9) अहिपातक (10) अन्धाहिक और (11) वृक्षेशय। यहाँ पर आचार्य सुश्रुत ने 12 निर्विष सर्पों के प्रकार बताये हैं परन्तु नामत: 11 प्रकार के सर्पों का उल्लेख मिलता है।

इन सर्पों के विचरण के संदर्भ में कहा गया है कि –

रजन्या: पश्चिमे यामे सर्पाश्चित्राश्चरन्ति हि।
शेषेपूक्ता मण्डलिनो दिवा दर्वीकरा: स्मृता: ।। *(सु.क./4/31)*

रात्रि के पिछले प्रहर में राजिमान सर्प घूमते हैं तथा प्रथम, द्वितीय तथा तृतीय प्रहर में मण्डली सर्प विचरण करते हैं एवं दिन में प्रायः दर्वीकर सर्प विचरण करते हैं। जिन सर्पों के नेत्र, जीभ, मुख कुछ बड़े हो तथा काले हो वे पुरुष तथा अपेक्षाकृत् छोटे नेत्र, जीभ, मुख वाले मादा सर्प होते हैं। दोनों के मिश्रित लक्षण एवं विष तथा क्रोधरहित सर्प नपुंसक होते हैं।

वर्ण भेद सर्प के प्रकार

वर्णभेद से सर्प चार प्रकार के होते हैं –

- **ब्राह्मण–** जो सर्प मोती अथवा चाँदी के समान कान्ति वाले अथवा कपिलवर्ण, सुगन्धित और सोने के समान प्रभा वाले होते हैं वे सभी सर्प ब्राह्मण–जाति के होते हैं।
- **क्षत्रिय–** जो सर्प स्निग्धवर्ण के अत्यन्त क्रोधी, सूर्य अथवा छत्र, कमल के समान आकृति वाले होते हैं वे क्षत्रिय–जाति के होते हैं।
- **वैश्य–** जो कृष्णवर्ण वज्र के समान लाल वर्ण वाले, धूमवर्ण के या कबूतर के समान रंग वाले होते हैं वे वैश्य–सर्प होते हैं।
- **शुद्र–** भैंस, चीते के वर्ण वाले, कठोर त्वचा वाले विभिन्न प्रकार के विचित्र रंगो वाले सर्प शुद्र–जाति के होते हैं।

लिंग भेद से सर्प के प्रकार

- **पुरुष–जाति** – जो बड़े नेत्र, जिह्वा, मुख तथा काले शिर वाले होते हैं।
- **स्त्री–जाति** – जो सूक्ष्म नेत्र, जिह्वा, मुख और शिर वाले सर्प स्त्री जाति वाले होते हैं।
- **नपुंसक–जाति** – दोनों से मिले जुले लक्षणों वाले सर्प, मन्दविष वाले और क्रोध रहित सर्प नपुंसक होते हैं।

डसने के कारण

चिकित्साग्रन्थों में सर्प के डसने के निम्न कारण कहे गये हैं– भय से, पैरों के छू जाने से, विष की अधिकता से, स्वभाव से दुष्टसर्प, क्रोधित सर्प, वैर से, देवता, ऋषि अथवा यमराज की प्रेरणा से और भोजन की इच्छा से अत्यन्त क्रोधी सर्प या दिखने में भयंकर सर्प काटते है।

सर्पविष में शकुनविचार

सर्प का विष कितना मारक है इस पर आचार्यों के द्वारा शकुन किया गया है, शकुन अर्थात् भावी विचार करने की भी परम्परा। शकुनशास्त्र के आधार पर चिकित्सा सम्बन्धी अनेक अनुमान किये जाते है, इसलिये ये शकुन चिकित्सा के अंग माने गये हैं–

अश्वत्थदेवायतनश्मशानवल्मीकसन्ध्यासु चतुष्पथेषु
याम्ये सपिष्ये परिवर्जनीया ऋक्षे नरा मर्मसु ये च दष्टा ।।

(सु.क./3/38)

पीपल के पास, मन्दिर, श्मशान, बाम्बी, सन्ध्याकाल, चौराहा तथा भरणी, मघा–नक्षत्र तथा मर्मस्थान पर काटे गये सर्प की चिकित्सा सम्भव नहीं है। युवासर्प ग्रीष्मकाल, अजीर्ण, पित्तप्रकुपित मनुष्य, प्रमेहरोगी, गर्भवती, बालक, वृद्ध और डरपोक ये सभी विष को मारक करने के कारण होते हैं अर्थात् ऐसी परिस्थिति में विष घातक हो जाता है।

सर्प के दंत

सर्प के मुख में चार दाढ़े होती है। उन चार प्रकार की दाढ़ों में जो वाम भाग में नीचे की ओर होती है वह दाढ़ काली होती है और ऊपर के वाम भाग की दाढ़ पीली होती है। दक्षिणभाग के नीचे की दाढ़ लाल होती है। और ऊपरी भाग के दक्षिण पार्श्व की दाढ़ श्याववर्ण की होती है। *(च.चि.23/138–139)*

सर्पों में विष की मात्रा

गौ की पूँछ के बाल पानी में डूबो दी जाये और पानी से निकालने के बाद जल की जितनी बून्दें गिरती है उतना विष सॉप के वामभाग के नीचे की ओर की दाढ़ में होता है दाढ़ों में विष क्रमशः एकभाग, दोभाग, तीनभाग और चारभाग उत्तरोत्तर अधिक होता हैं। सॉप जिस दाढ़ से काटता है तो काटा हुआ स्थान उस दाढ़ के वर्ण का हो जाता है। उत्तरोत्तर विष कष्टसाध्य होता है।

सर्पदंश के प्रकार

सर्पदंश द्विधा कहा गया है– सविष तथा निर्विष जिसमें सूई की सी पीड़ा, खुजली, शोथ, वेदना, दाह हो तथा उस स्थान पर गांठ हो जाये, उसे सविषदंश कहते है। इन लक्षणों के विपरीत लक्षणों वाले को निर्विषदंश कहते है।

सर्पदंश को दंश के चिह्न के आधार पर त्रिधा कहा गया है–

1 सर्पित 2 रदित और 3 निर्विष

- **सर्पित–** जहाँ पर एक, दो अथवा बहुत से दाँतों के निशान गहराई तक हो, वहां से थोड़ा रक्त का स्राव हो रहा हो, जिन चिन्हों को सर्प उलटकर बनाता है, चंचुलाकार और सूक्ष्म शोफयुक्त स्थान हो वह सर्पित दंश होता है।
- **रदित–** जहां पर लाल, नीली, पीली या श्वेत रंग की रेखायें दिखाई दे। जो स्थान अल्प विषयुक्त होता हो वह रदित दंश होता है।
- **निर्विष–** जहां पर शोथ बहुत कम हो, रक्त में अल्प दुष्टि हुयी हो, व्यक्ति प्राकृत अवस्था में हो और दंश का एक चिन्ह हो वह निर्विष दंश होता है।

सर्पदंश के सामान्य लक्षण

दर्वीकर सर्प के काटने पर लक्षण– दर्वीकर सर्प के काटने पर मनुष्यों में निम्न लक्षण प्राप्त होते हैं–

- विष के प्रभाव से त्वचा, नख, नेत्र, दन्त, मूत्र, मल और दंश स्थान कृष्णवर्ण का होना
- शरीर में रूक्षता
- शिर में भारीपन
- सन्धियों में वेदना
- कमर, पीठ और गर्दन में दुर्बलता
- तन्द्रा
- शरीर में कम्पन
- स्वरभ्रंश, गले मे घुरघुराहट
- जड़ता, सूखी डकार का आना
- कास–श्वास – हिक्का
- वायु का उपर की ओर आना
- पेट में भयंकर पीड़ा
- प्यास लगना
- लालास्राव
- मुख में फेन
- स्रोतों का बन्द हो जाना

- रक्त की प्रवृत्ति नहीं होती
- दंश स्थान कछुआ की पीठ के समान उभरा हुआ होता है।

मण्डली सर्प के काटने पर लक्षण–

- विष के प्रभाव से त्वचा, नख, नेत्र, दन्त, मूत्र, मल और दंशस्थान का वर्ण पीला होना
- रोगी को शीत स्थान की इच्छा होना
- शरीर में जलने की अनुभुति
- दाह
- तृष्णा
- मद–मूर्च्छा
- ज्वर
- रक्त का ऊर्ध्व और अधोमार्ग से गमन
- मांस का विदीर्ण होना
- दंश स्थान का कोथ से ग्रस्त होना
- पीले रूपों या दृश्यों का देखना
- दंशस्थान मोटा, चपटा, शोथयुक्त और पीताभ होता है।

राजिमान सर्प के काटने पर लक्षण–

- विष के प्रभाव से त्वचा, नख, नेत्र, दन्त, मूत्र, मल और दंश स्थान का वर्ण श्वेत होना
- दंशस्थान से पिच्छिलस्राव
- चिकना व पाण्डुवर्ण का स्थिर शोथ (स्थिर शोथकारक)
- शीतपूर्वक ज्वर
- रोमहर्ष
- अंगों में जड़ता
- दंशस्थान के चारों ओर शोथ
- कफ का मुख से निकलना
- बार बार वमन
- नेत्रों में कण्डू

- गले में सूजन
- श्वास का रुकना,
- आंखों के सामने अन्धकार की प्रतीति
- रक्त गाढ़ा हो जाता है।

लिंग भेद से सर्प दंश के लक्षण–

- **पुरूष जाति** – जिस सर्प का फण गोलाकार और बड़ा होता है, फुंकार करता हो, जिसकी दृष्टि सर्वदा ऊपर की ओर रहती हो, सिर मोटा और शरीर सम आकार का हो तो वह सर्प पुरूष होता है। इसके काटने पर इसके पर रोगी ऊपर की ओर देखता है। वृद्धसर्प के काटने पर जहर का वेग (असर) धीमा होता है तथा बालकसर्प के काटने पर जहर तो जल्दी चढ़ता है परन्तु असर धीमा रहता है।
- **स्त्री जाति** – जिस सर्प के पुरूष सर्प के विपरीत लक्षण पाये जाते है तो उसे स्त्रीसर्प जानना चाहिए। स्त्रीसर्प द्वारा काटने पर व्यक्ति नीचे की ओर देखता है तथा माथे पर शिराऐं उभर आती है। गर्भवती सांप के काटने पर मुख पीला पड़ जाता है तथा सद्य:प्रसूता के काटने पर मूत्र में रक्त आता है ।
- **नपुंसक जाति** – नपुंसक सर्प सदा डरा हुआ रहता है। इसके काटने पर रोगी तिरछा देखता है।

सर्पविष के सात वेगों के सामान्य लक्षण–

सर्पविष के सात वेगों के लक्षण – आयुर्वेदीय चिकित्सा शास्त्रानुसार जहर से शरीर की सात धातुऐं क्रमानुसार नष्ट होती है।

- **प्रथम वेग में** – रक्त दूषित हो जाता है जिससे शरीर में कालापन आता है और रोगी को लगता है कि उसके शरीर पर चीटियाँ रेंग रही है।
- **द्वितीयवेग में** – मांस दूषित हो जाता है जिसके कारण शरीर और अधिक काला पड़ जाता है तथा सूजन और गांठे पड़ने लग जाती है ।
- **तृतीय वेग** – मेद दूषित हो जाता है जिससे दंशस्थान सड़ने लगता है तथा सिर में भारीपन, अधिक पसीना आना एवं दृष्टि धुंधलाने लगती है।
- **चतुर्थ वेग में** – विष कोष्ठ में पहुंचकर कफ को दूषित करता है जिससे बेहोशी, मुख से कफ का गिरना तथा जोड़ों का ढीला पड़ना आदि लक्षण होते हैं।

- **पंचम वेग** – विष अस्थियों में घुस जाता है तथा प्राण और अग्नि को दूषित करता है जिससे जलन और हिचकी आना आदि लक्षण प्रकट होते हैं।
- **षष्ठम् वेग में** – विष मज्ञा में पहुंच कर ग्रहणी को प्रभावित करता है जिससे शरीर में भारीपन, अतिसार, हृदयप्रदेश की पीड़ा बेहोशी आदि लक्षण उत्पन्न होते हैं।
- **सप्तम् वेग में** – विष शुक्र को अत्यधिक दूषित करता है जिससे मनुष्य की मृत्यु हो जाती है । इन सात वेगों के कारण इन धातुओं को बांटने वाली तो कलाएं कही गयी है उनमें से एक–एक का अतिक्रमण कर विष वेगों को उत्पन्न करता है।

आचार्य चरक ने विष के आठ विष बताये हैं। इसमें आठवां वेग मृत्यु को बताया है।

सर्पविष के सात वेगों के विशेष लक्षण–

दर्वीकर विष के वेगों के लक्षण –

- **प्रथमवेग** – पहले वेग में विष रक्त को दूषित करता है तथा दूषित स्थान काला हो जाता है। अंगों में कालापन एवं उनमें चिटियों के रेंगने के समान प्रतीति होती है।
- **द्वितीयवेग** – इस वेग में विष मांस को दूषित करता है जिसके कारण कालापन, सूजन और अंगों में ग्रन्थियां उत्पन्न हो जाती है।
- **तृतीयवेग** – इस वेग में मेद धातु को दूषित करता है और दंशस्थान सड़ने लगता है, शिर में भारीपन, पसीना आना और व्यक्ति को दिखाई नहीं देता है।
- **चतुर्थवेग** – इस वेग में विष कोष्ठ में पहुंच जाता है। कफ को दूषित करता है जिसके कारण मुख से स्राव आना और सन्धियों में शिथिलता उत्पन्न होती है।
- **पंचमवेग** – इस वेग में विष अस्थियों में पहुंच जाता है और प्राण तथा अग्नि को दूषित करता है। इसमें पर्वो का टूटना, हिक्का, दाह आदि लक्षण उत्पन्न होते हैं।
- **षष्ठम् वेग** – इस वेग में विष मज्ञाधातु तक पहुंच जाता है और ग्रहणी को दूषित करता है। इसमें शरीर में भारीपन, अतिसार, हृदय में पीड़ा और मूर्च्छा उत्पन्न होती है।
- **सप्तम वेग** – इस वेग में विष शुक्रधातु तक पहुंच जाता है और इससे व्यान वायु कुपित होती है। कफ को सूक्ष्म स्रोतसों से बाहर निकालती है। कमर और पीठ

का भंग हो जाता है। लालास्राव का अधिक होना, पसीना अधिक आना तथा उच्छवास रुक जाता है।

मण्डली विष के वेगों के लक्षण –

- **प्रथमवेग** – पहले वेग में विष रक्त को दूषित करता है तथा दूषित रक्त पीला हो जाता है। जिससे रोगी के जलन और अंगों में पीलापन आ जाता है।
- **द्वितीयवेग**– इस वेग में विष मांस को दूषित करता है जिसके कारण शरीर में अधिक रूप से पीलापन आ जाता है। सम्पूर्ण शरीर में जलन और दंश स्थान पर सूजन आ जाती है।
- **तृतीय वेग** – इस वेग में विष मेद धातु को दूषित करता है और दंशस्थान सड़ने लगता है, प्यास अधिक लगना, पसीना आना और व्यक्ति को दिखाई नहीं देता है।
- **चतुर्थ वेग** – इस वेग में विष कोष्ठ में पहुंच जाता है और रोगी को ज्वर आ जाता है।
- **पंचमवेग** – इस वेग में विष अस्थियों में पहुंच जाता है और विष के प्रभाव से अंगों में दाह होने लगता है।
- **षष्ठम् वेग** – इस वेग में विष मज्जाधातु तक पहुंच जाता है और ग्रहणी को दूषित करता है। इसमें शरीर में भारीपन, अतिसार, हृदय में पीड़ा और मूर्च्छा उत्पन्न होती है।
- **सप्तम वेग** – इस वेग में विष शुक्रधातु तक पहुंच जाता है और इससे व्यान वायु कुपित होती है। कफ को सूक्ष्म स्रोतसों से बाहर निकालती है। कमर और पीठ का भंग हो जाता है। लालास्राव का अधिक होना, पसीना अधिक आना तथा उच्छवास रुक जाता है।

राजिमान विष के वेगों के लक्षण –

- **प्रथमवेग** – पहले वेग में विष रक्त को दूषित करता है तथा दूषित स्थान पाण्डुवर्ण का हो जाता है।
- **द्वितीयवेग** – इस वेग में विष मांस को दूषित करता है जिसके कारण अत्यन्त पाण्डुता, जड़ता और शिर सूजन होती है।
- **तृतीय वेग** – इस वेग में विषमेद धातु को दूषित करता है जिससे व्यक्ति अन्धा हो जाता है, दंशस्थान सड़ने लगता है, रोगी को पसीना अधिक आता है, नाक और नेत्रों से स्राव बहता है।

- **चतुर्थ वेग** – इस वेग में विष कोष्ठ में पहुंच जाता है, मन्यास्तम्भ और सिर में भारीपन करता है।
- **पंचमवेग** – इस वेग में विष बोलने में अवरोध उत्पन्न करता है और शीतज्वर होता है।
- **षष्ठ वेग** – इस वेग में विष मज्जाधातु तक पहुंच जाता है और ग्रहणी को दूषित करता है। इसमें शरीर में भारीपन, अतिसार, हृदय में पीड़ा और मूर्च्छा उत्पन्न होती है।
- **सप्तम वेग** – इस वेग में विष शुक्रधातु तक पहुंच जाता है और इससे व्यान वायु कुपित होती है। कफ को सूक्ष्म स्रोसों से बाहर निकालती है। कमर और पीठ का भंग हो जाता है। लालास्राव का अधिक होना, पसीना अधिक आना तथा उच्छवास रूक जाता है।

आचार्य चरक ने आठ प्रकार वेग बताये हैं जिसमें आठवां वेग मृत्यु को बताया है।

सर्पदंश से मृत के लक्षण –

जो व्यक्ति मृत्यु के मुख में चला जाता है उसे तीक्ष्ण नस्यों से चेतना नहीं आती है। घाव से रक्त की प्रवृत्ति नहीं होती है, डण्डा आदि से चोट मारने पर चोट के निशान नहीं उभरते हैं।

सामान्य उपक्रम –

मन्त्रारिष्टोत्कर्तननिष्पीडनचूषणाग्निपरिषेकाः।
अवगाहरक्तमोक्षणवमनविरेकोपधानानि ।।
हृदयावरणांजननस्यधूमलेहौषधप्रशमनानि।
प्रतिसारणं प्रतिविषं संज्ञास्थापनं लेपः ।।
मृतसंजीवनमेव च विंशतिरेते चतुर्भिरधिकाः।
स्युरुपक्रमा यथा ये यत्र च योज्याः श्रृणु तथा तान् ।। ***(च.चि. 23/35-37)***

1. मन्त्र 2. अरिष्टाबन्धन 3. उत्कर्तन 4. निष्पीड़न 5. चूषण 6. अग्निकर्म (अग्नि से जलाना) 7. परिषेक 8. अवगाहन 9. रक्तमोक्षण 10. वमन 11. विरेचन 12. उपधान (शिर के ऊपर त्वचा काटकर औषध का प्रयोग 13. हृदयावरण (हृद्य द्रव्यों का प्रयोग) 14. अंजन 15. नस्य 16. धूम 17. अवलेह 18. औषध 19. प्रशमन 20. प्रतिसारण 21. प्रतिविष का प्रयोग 22. संज्ञास्थापन 23. लेप 24. मृतसंजीवन। इन 24 प्रकार की चिकित्साओं का यहाँ पर निर्देश दिया गया है।

1. **मंत्र** – मन्त्रों का प्रयोग सदाचारी व्यक्ति ही कर सकता है। उनके प्रयोग करने से तत्काल विष का प्रभाव नष्ट हो जाता है।

2. **अरिष्टा-बन्धन** – जिस प्रकार बढते हुए जल के वेग को रोकने के लिए बाँध बाँधा जाता है उसी प्रकार बढ़ते हुए विष के वेग को रोकने के लिए अरिष्टा बन्धन किया जाता है।

मन्त्रैर्धमनी बन्धोऽवमार्जनं कार्यमात्मरक्षा च ।
दोषस्य विषं यस्य स्थाने स्यातं जयेत्पूर्वम् ।। *(च. चि. 23/61)*

अरिष्टबंधन के बाद दंशस्थान पर थोड़ा क्षत करके, दबाते हुए मुख को वस्त्रों से भरकर चूषण किया जाता है । इसके अतिरिक्त मुख में जौ का आटा तथा धूल भरकर भी चूषण किया जाता है जिससे चूसने वाले व्यक्ति पर विष का प्रभाव न हो।

किसी भी प्रकार के सर्प के काटने पर सबसे पहले दंशस्थान पर चार अंगुल ऊपर एक अरिष्टाबंधन करना चाहिये। कपडे की पट्टी, चमडे की पट्टी, वृक्ष की अन्त:छाल या अन्य किसी कोमलवस्तु जैसे रबर की नली या पट्टी बांधने पर जहर आगे की ओर नहीं बढता है। जिस स्थान पर सर्प ने काटा हो उसके ऊपरी भाग में क्रमश: 4–8–12 अंगुल पर तीन बंधन इस प्रकार बांधने चाहिये जिससे रक्तपरिभ्रमण (***Blood circulation***) रुक जाये जिससे रक्त हृदय की ओर न जा पायेगा। यद्यपि आधुनिक चिकित्सापद्धति में भी अरिष्टाबंधन किया जाता है तथापि प्राचीन चिकित्साशास्त्रों में मन्त्रोच्चारणपूर्वक अरिष्टबंधन का विधान मिलता है जो कि चिकित्सा में प्रभावी माना जाता था ।

3. **उत्कर्त्तन तथा दाह** – जिस प्रकार मूल स्थान के काट देने से वृक्ष बढ नही पाता अपितु नष्ट हो जाता है उसी प्रकार दंश स्थान के काट देने से विष का वेग बढ़ नहीं पाता है। अत: जिस स्थान पर बन्धन नहीं बांधा जा सके उस स्थान का कुछ मांस को काटकर दहन अथवा क्षारकर्म करना चाहिए। छेदन और दाह का उपचार सभी स्थानों पर कर सकते है। सभी प्रकार के सर्पदंशों में में छेदन और अग्निकर्म करना पूजित है। आचूषण करने से पूर्व मुख को वस्त्र से भर लेना चाहिए। जिस व्यक्ति को सर्प से काटा है उस व्यक्ति को मिट्टी के ढेले को काटना चाहिए। मण्डली सर्प के काटने पर अग्नि क्रिया नहीं करनी चाहिए।

4. **निष्पीड़न** – बिच्छू के काटने पर दंशस्थान को निष्पीड़ित किया जाता है।

5. **आचूषण या चूषण** – आचूषण क्रिया करने से बढता हुआ विष वेग दंश दंशस्थान पर चला जाता है। दंशस्थान पर श्रृंग अथवा अलाबु से रक्त का

आचूषण करना चाहिए। यदि पित्तप्रधान विष हो तो विषवैद्य को अपने मुख के अन्दर मिट्टी, भस्म, विषनाशक अगद अथवा गोबर रखकर दंशस्थान और अरिष्टाबन्धन के मध्यभाग मे पच्छ लगाकर श्रृंग की सहायता से विष निकालना चाहिए।

6. **अग्निकर्म (अग्नि से जलाना)** – यदि विष का वेग त्वचा और मांस तक ही पहुॅच पाया हो तो ऐसी अवस्था में अग्निकर्म से विषवेग नष्ट हो जाता है। मण्डली सर्प का विष पित्तप्रधान होता है उसे छोड़कर शेष सर्पों के दंशस्थान पर अग्नि की लौ में तपाकर लाल की गयी सोना, लोहा आदि की शलाका अथवा जलती हुयी लकड़ी से अग्निकर्म करना चाहिए। क्योकि अग्नि संसार के सभी दोषों को जलाकर नष्ट कर देती है इसके लिए दंशस्थान जलाना कोई बड़ी बात नहीं है।
7. **परिषेक** – लालचन्दन और उशीर के हिम से उस स्थान पर परिषेक करना चाहिए।
8. **अवगाहन** – गोहरा के काटने पर रोगी को पानी के टब में लिटा देते हैं।
9. **रक्तमोक्षण** – आचूषण करने के उपरान्त प्रच्छान, श्रृंग, जोंग और सिरावेध द्वारा रक्त का स्राव करना चाहिए। विषदूषित रक्त के होने पर मनुष्य की प्रकृति दुष्ट हो जाती है। इसके बाद रोगी की मृत्यु हो जाती है। इसलिए उक्त क्रियाओं के द्वारा भी यदि रक्त की प्रवृत्ति नहीं हो तो प्रघर्षण क्रिया द्वारा रक्त की प्रवृत्ति करानी चाहिए।
10. **वमन** – विष पान करने पर ही शीघ्र वमन क्रिया द्वारा विष का निर्हरण करना चाहिए।
11. **विरेचन** – द्वितीयवेग में विरेचन द्वारा विष निकालना चाहिए।
12. **उपधान (शिर के ऊपर त्वचा काटकर औषध का प्रयोग)** – बकरा, गौ तथा भैंस का मांस अथवा मुर्गे का मांस को मस्तक में काकपद बनाकर उसके ऊपर रखना चाहिए। इससे रक्त में व्याप्त विष बकरे आदि के मांस में आ जाता हैं।
13. **हृदयावरण (हृद्य द्रव्यों का प्रयोग)** – विषाक्रान्त पुरुष के सर्वप्रथम हृदय की रक्षा करनी चाहिए, इसके लिए मधु, गाय का घी, मज्ञा, दूध, स्वर्ण गैरिक, गोबर का रस, पकाया हुआ ईख, कौए का मांस, बकरे आदि ग्राम्य प्राणियों का ताजा रक्त, गोबर की राख और काली मिट्टी का यथा शीघ्र पान करना चाहिए।
14. **अंजन** – नेत्र से दिखाई न देता हो तो देवदारु, सोंठ, पिप्पली, मरिच, कनेरपत्र, करंजगुठली और तुलसी की मंजरी को बकरे के मूत्र में पीसकर अंजन लगाना चाहिए।

15. **नस्य** – विष के चतुर्थ वेग में कौंच और शिरीष के पत्तों का रस का नेत्र में आश्च्योतन, अंजन और नस्य के रूप में प्रयोग करना चाहिए।

16. **धूम** – मोरपंख, बगुले की अस्थियां, पीली सरसों और चन्दन के चूर्ण में घृत मिलाकर आग में डालकर धूम करना चाहिए।

17. **अवलेह** – सर्पविष चिकित्सा में विविध अगदों का अवलेह के रूप में प्रयोग करना चाहिए।

18. **औषध** – अपराजिता, शिरीष आदि औषध द्रव्यों का प्रयोग करना चाहिए।

19. **प्रशमन** – प्रशमन द्रव्यों के अन्तर्गत घृत, कालीमिर्च आदि द्रव्यों का प्रयोग करना चाहिए।

20. **प्रतिसारण** – प्रच्छान, श्रृंग, जोंक और शिरावेध द्वारा रक्तस्राव करना चाहिए। विषदूषित रक्त के होने पर मनुष्य की प्रकृति दुष्ट हो तो प्रतिसारण क्रिया द्वारा रक्त की प्रवृत्ति करानी चाहिए।

21. **प्रतिविष का प्रयोग** – स्थावर विषों में प्रतिविषों का प्रयोग करते हैं। सर्प विष में एन्टी–वेनम का प्रयोग करते हैं।

22. **संज्ञास्थापन** – विष छठे वेग में संज्ञास्थापन औषधियों का प्रयोग करना चाहिए।

23. **लेप** – दंशस्थान पर कान के मल का लेप करते हैं।

24. **मृतसंजीवन** – विष के अधिकतम वेग में मृतसंजीवन–अगद का प्रयोग करना चाहिए।

दोषानुसार विष चिकित्सा

- **वातस्थान में विष की व्यापकता** – यदि वातस्थान में विषैले जन्तु ने काटा हो तो सर्वप्रथम स्वेदन करवाना चाहिए। इसके बाद तगर, कूठ का कल्क बनाकर दही में घोलकर पिलाना चाहिए।
- **पित्तस्थान में विष की व्यापकता** – यदि पित्तस्थान में विषव्याप्त हो तो मधु को घी, दूध, जल, मिलाकर पिलाना चाहिए और अवगाहन व परिषेक करवाना चाहिए।
- **कफस्थान में विष की व्यापकता** – कफस्थान में विष व्यापक हो तो सर्वप्रथम स्वेदन करे इसके बाद सिरावेध द्वारा रक्तस्राव करवाकर क्षारागद का पान करवाना चाहिए।

वेगानुसार विशिष्ट चिकित्सा

दर्वीकर विष के वेगों के अनुसार चिकित्सा –

- **प्रथमवेग** – इस वेग में रक्तमोक्षण करना चाहिए।
- **द्वितीयवेग** – इस वेग में मधु और घी के साथ अगदों का पान करना चाहिए।
- **तृतीय वेग** – इस वेग में विषनाशक नस्यकर्म एवं अंजन करना चाहिए।
- **चतुर्थ वेग** – इस वेग वमन कर्म कराना चाहिए और यवागु सेवन करवाना चाहिए।
- **पंचमवेग एव षष्ठम् वेग** – इस वेग में शीतल उपचार के बाद तीक्ष्ण विरेचन करना चाहिए।
- **सप्तम वेग** – इस वेग में तीक्ष्ण अवपीडन नस्य से शिर का शोधन करना चाहिए एवं तीक्ष्ण अंजन का प्रयोग एवं तीक्ष्ण शस्त्र से रोगी के शिर पर काकपद बनाकर रक्तमिश्रित मांस रखना चाहिए।

मण्डली विष के वेगों के अनुसार चिकित्सा –

- **प्रथमवेग** – इस वेग में रक्तमोक्षण करना चाहिए।
- **द्वितीयवेग** – इस वेग में मधु और घी के साथ अगदों का पान तथा यवागु का प्रयोग करना चाहिए।
- **तृतीय वेग** – इस वेग में तीक्ष्ण विरेचन द्वारा शोधन करना चाहिए तदुपरान्त यवागु का प्रयोग करना चाहिए।
- **चतुर्थ वेग** – इस वेग में वमन कर्म और यवागु सेवन कराना चाहिए ।
- **पंचमवेग** – इस वेग में शीतल उपचार के बाद तीक्ष्ण विरेचन करना चाहिए।
- **षष्ठम् वेग** – इस वेग में काकोल्यादिगण की औषधियों का क्वाथ अथवा अगद पान करना चाहिए।
- **सप्तम वेग** – इस वेग में विषनाशक अगद एवं तीक्ष्ण अवपीड़न नस्य का प्रयोग करना चाहिए।

राजिमान विष के वेगों के अनुसार चिकित्सा –

- **प्रथमवेग** – इस वेग में अलाबु से रक्तमोक्षण तथा मधु व घी मिलाकर अगद पान करना चाहिए।
- **द्वितीयवेग** – इस वेग में वमन के उपरान्त विषनाशक अगद का पान करना चाहिए।

- **तृतीय वेग** – इस वेग में विषनाशक नस्यकर्म एवं अंजन करना चाहिए।
- **चतुर्थ वेग** – इस वेग में वमन कर्म और यवागु सेवन कराना चाहिए ।
- **पंचमवेग** – इस वेग में शीतल उपचार के बाद तीक्ष्ण विरेचन करना चाहिए।
- **षष्ठम् वेग** – इस वेग में तीक्ष्ण अंजन का प्रयोग करना चाहिए।
- **सप्तम वेग** – इस वेग में तीक्ष्णनस्य का प्रयोग करना चाहिए तथा संज्ञा लाने वाले उपचार करने चाहिए।

सर्पविष की सामान्य चिकित्सा

दर्वीकर सांप (कोबरा) की सामान्य चिकित्सा –

दर्वीकर सांप के काटने पर आचूषण करके रक्त को बाहर निकालना चाहिये उसके बाद चिकित्साशास्त्र के निर्देशानुसार शहद या कालीमिर्च और घी पिलाना चाहिये। रोगी को वमन भी करवाया जा सकता है या नस्य का प्रयोग भी करवाया जाता है । जहर के तीव्र होने पर सिर के बाल साफ करके उसके बाद सिर पर कौए के पंजे के जैसा काकपद निशान बनाकर उस पर रक्त से भरा हुआ ताजे मांस का टुकड़ा रखे । जब तक विष का प्रभाव न उतरें तब तक ये प्रक्रिया दोहराएं। इसमें निम्न अनुसार औषध चिकित्सा करते हैं –

- सिन्धुवार (निर्गुण्डी) की मूल तथा श्वेत अपराजितामूल (सफेद कोयल) को समानभाग में लेकर पानी में पीस कर शहद तथा कूठ का चूर्ण मिलाकर पिलायें अथवा नस्य करवायें। इसके अतिरिक्त सिन्धुवार (निर्गुण्डी) की मूल तथा श्वेत अपराजिता की मूल को समानभाग में लेकर पानी में घिस कर पिलायें या फिर शहद या कूठ की नस्य का प्रयोग करवायें। *(च.चि. 03/195)*
- **श्लेष्मातकीकट्फलमातुलुंग्य: श्वेता गिरिह्वा किणिही सिता च।**
सतण्डुलीयोऽगद एष मुख्यो विषेषु दर्वीकरराजिमानाम्।। ***(सु. क. 5/75)***

लिसोड़ा, कायफल, बिजोरा नींबू, श्वेत–अपराजिता, अपामार्ग (चिरचिटा), शर्करा तथा वचा (वच) को चौलाई में मिलाकर बनाया गया अगद, दर्वीकर सांप के विष को नष्ट करता है।

- **कृष्णसर्पेण दष्टस्य लिम्पेद्दंश हृतेऽसृजि।**
चारटीनाकुलीभ्यां वा तीक्ष्णमूलविषेण वा।
पानं च क्षौद्रमंजिष्ठागृहधूमयुतं घृतम्।। ***अ.हृ.उ./36/58-59***

चौलाई की जड़, गम्भारी फल, अपामार्ग, अपराजिता, बिजौरा नीबू की जड़, मिश्री तथा लिसोड़ा की छाल इनको पानी के साथ पीसकर छानकर के पान करें तथा इसका नस्य या अंजन के रूप में प्रयोग करे।

मण्डलीसर्प (वाईपर) की सामान्य विषचिकित्सा –

दंशस्थान के चार अंगुल ऊपर कस कर बांधें दंशस्थान को काटकर अलग किया जा सकता है। आचूषण करके रक्त को बाहर निकालना चाहिये उसके बाद शहद या कालीमिर्च और घी को पिलाना चाहिये। चिकित्साशास्त्र के निर्देशानुसार अगदपान या नस्य का प्रयोग किया जा सकता है।

- मंजिष्ठा, मुलहटी, जीवक, ऋषभक, मिश्री, गम्भारी की छाल तथा वटाकुंर इन्हें समान भाग में लेकर पानी में पीस कर पिलाना चाहिये। *(च.चि. 23/196)*
- **समूलपुष्पांकरवल्कबीजात् क्वाथः शिरीषात् त्रिकटुप्रगाढः।**
  सलावणंः क्षौद्रयुतोऽथ पीतो विशेषतः कीटविषं निहन्ति।। *(सु.क. 5/81)*

शिरीष के मूल, पुष्प, पत्र, छाल, बीज इनका क्वाथ करके उसमें प्रचुर मात्रा में सोंठ, मरिच, पिप्पली, मधु और लवण मिलाकर पीने से कीट विषों को विशेषरूप के नष्ट करता है।

इसके अतिरिक्त मण्डली विष के निष्प्रभावीकरण के लिये एक अगद बताया गया द्राक्षा, सर्पगंधा, नागवृत्तिका, श्वेत अपराजिता और मंजिष्ठा ये औषधियां बराबर मात्रा में तुलसी के पत्ते, कपित्थ, बिल्व, तथा अनार के पत्ते पहले कहे गये द्रव्यों से दोगुनी मात्रा में तथा श्वेत निर्गुण्डी, अंगरोष्ठमूल और गैरिक को इनकी आधी मात्रा में मिलावें इसमें शहद मिलाकर बनाया गया अगद मण्डली सांपों के जहर को समाप्त करता है।

राजीमानसर्प की चिकित्सा–

राजिमान सांप के काटने पर सिर के बाल साफ करके उसके बाद सिर पर कौए के पंजे के जैसा निशान बनाकर उस पर तुम्बी का टुकड़ा रखे । जब तक विष का प्रभाव न उतरें तब तक ये प्रक्रिया दोहराएं तथा 50 मि.ली. शहद और गाय के घी का प्रयोग करें ।

- सौंठ, पीपर, मरिच, अतीस, कूठ, गृहधूम (रसोई या दीपक का जला धुंआ) संभालू के बीज, तगर और कुटकी इन सभी को बराबर मात्रा में चूर्ण करके सममात्रा में शहद मिला कर देना चाहिये।

- काले सांप के काटने के बाद खून निकालने के बाद काटे गये स्थान पर घुंघुची तथा नाकुली का अथवा तीक्ष्णमूलविष (सिंगिया) आदि को पीस कर लेप लगायें एवं पीने के लिये मंजिष्ठा का चूर्ण तथा गृहधूम को घी या शहद में मिला कर देना चाहिये।

तात्कालिक उपचार –

- **दष्टमात्रो दशेदाशु सर्पलोष्टमेव वा।**
  उपर्यरिष्टा बध्नीयाद्दंशं छिन्द्याद्देहत्तथा।। *(च.चि.23/251)*

यदि सर्प ने काट लिया है तो वह पुरूष अपने दाँतों से उस सर्प को काटे। यदि यह सम्भव नहीं हो सके तो मिट्टी के ढेले को या वहाँ की भूमि को सहसा काटकर थूक देवे। अथवा कान के मैल या मल को उस घाव पर लगा दे।

विष–निवारक सामान्य योग

डा. मोनिका वर्मा, डॉ. लक्ष्मीनारायण शर्मा
डॉ. राजेन्द्र प्रसाद पूर्विया

विषनिवारणार्थ अनेक योग बताये गये हैं जिनका विवरण इस प्रकार हैं–

अमृतसर्पि

अपामार्गस्य बीजानि शिरीषस्य च माषकान्।
श्वेते द्वे काकमाचीं च गवां मूत्रेण पेषयेत्।।
सर्पिरेतैस्तु संसिद्धं विषसंशमनं परम्।
अमृतं नाम विख्यातमपि संजीवयेन्मृतम्।। *(सु.क. 6/12,13)*

अपामार्ग के बीज, शिरीष के बीज, श्वेत अपराजिता, नीली अपराजिता तथा मकोय इनको गोमूत्र में पीसे और कुशल भिषक् के निर्देशन में गोघृत में सिद्ध करें तथा विषनिवारणार्थ प्रयोग करें।

अजेत घृत

मधुकं तगरं कुष्ठं भद्रदारूहरेणवः।
पुन्नागैलैलबालूनि नागपुष्पोत्पलं सिता।।
विडंगचन्दनं पत्रं प्रियंगुर्ध्यामकं तथा।
हरिद्रे द्वे बृहत्यौ च सारिवे च स्थिरा सहा।।

कल्कैरेषां घृतं सिद्धमजेयमिति विश्रुतम् ।
विषाणि हन्ति सर्वाणि शीघ्रमेवाजितं क्वचित् ।। **(अ.सं.उ. 40/98)**

मुलहठी, तगर, कूठ, देवदारु, हरेणु, नागकेशर, इलायची, एलवालुक, लाल नागकेसर कमल, मिश्री, वायविडंग, चन्दन, तेजपत्र, प्रियंगु, कतृण (रूसाघास), हल्दी, दारुहल्दी, कटेरी, सारिवा, काली सारिवा, शालपर्णी, मुदगपर्णी इन सभी को पीसकर एवं औटाकर सिद्ध किया गया घी (मलहम जैसा) सभी प्रकार के विषों को नष्ट करता है। विष पर इसके अचूक प्रभाव के कारण इसे अजेयघृत कहा जाता है। इस घी को किसी रसायनशाला में वैद्य से निर्मित करवाया जा सकता है जिससे आवश्यकता पड़ने पर इसे काम में लिया जा सके।

सेवनविधि– विष से आक्रान्त व्यक्ति इसे गाय के गर्म दूध या गुनगुने पानी के साथ प्रयोग करें।

अजित अगद

विडंगपाठात्रिफलाजमोदा हिंगूनि वक्रं त्रिकटूनि चैव ।
सर्वश्च वर्गो लवणः सुसूक्ष्मः सचित्रकः क्षौद्रयुतो निधेयः ।।
श्रृंगे गवां श्रृंगमयेन चैव प्रच्छादितः पक्षमुपेक्षितश्च ।
एषोऽगदः स्थावरजंगमानां जेता विषाणामजितो हि नाम्ना ।।

(सु.क.5/63, 64)

विडंग, पाठा, त्रिफला अजवायन, हींग, तगर, सौंठ, कालीमिर्च, पिप्पली, सभी प्रकार के नमक तथा चित्रक इन सभी को बराबर पीस कर गाय के सींग में ढक कर रख दे। 15 दिन के बाद यह अगद आवश्यकतानुसार सेवन करने योग्य होता है।

अष्टांग अगद

वंशत्वग्बीजकटुकापाटलीबीजनागरम् ।
शिरीषबीजातिविषे मूलं गावेधुकं वचा ।।
पिष्टो गोवारिणाऽष्टांगो हन्ति गोनसजं विषम् ।। ***(अ.हृ.उ. 36/66)***

बांस के कोमल अंकुर की छाल, बीज, कुटकी, पाटला के बीज, सौंठ, शिरीष के बीज, अतीस, गवेधुक की जड़ तथा बालवच। इन द्रव्यों को गोमूत्र के साथ पीसकर, छानकर के पान, नस्य, अंजन के रूप में प्रयोग करने से गोनस सांप का दंशजनित विष (सर्पविष) नष्ट होता है।

ऋषभ अगद

मांसीहरेणुत्रिफलामुरंगी रक्तालतायष्टिकपद्मकानि ।।
विडंगतालीशसुगन्धिकैलात्वक्कुष्ठपत्राणि सचन्दनानि ।
भार्गी पटोलं किणिहि सपाठा मृगादिनी कर्कटिका पुरश्च ।।
पालिन्द्यशोकौ क्रमुकं सुरस्या: प्रसूनमारुष्करजं च पुष्पम् ।
सूक्ष्माणि चूर्णानि समानि श्रृंगे न्यसेत् सपित्तानि समाक्षिकाणि ।।
वराहगोधाशिखिशल्लकीनां मार्जारजं पार्षतनाकुले च ।
यस्यागदोऽयं सुकृतो गृहे स्यान्नाम्नर्षभो नाम नरर्षभस्य ।।
न तत्र सर्पा: कुत: एव कीटास्त्यजन्ति वीर्याणि विषाणि चैव ।
एतेन भेर्य: पटहाश्च दिग्धा नानद्यमाना विषमाशु हन्यु: ।।

(सु. क. 5/68-72)

जटामांसी, त्रिफला, हरेणु, शोभांजन, मंजिष्ठा, प्रियंगु, मधुयष्टि, पद्माख, विडंग, तालीसपत्र, सर्पगंधा, इलायची, कुष्ठ, तेजपत्र, चन्दन, भारंगी, परवल, चिरचिटा, पाठा, इन्द्रायण, कर्कटश्रृंगी, गुग्गुलु, निशोथ, अशोक, सुपारी, तुलसी के फूल आदि द्रव्यों का महीन चूर्ण बनाकर पित्त (गोह, नेवला आदि का) और शहद मिला कर गाय के सींग से बने बर्तन (पात्र) में रख दे। यह अगद बहुत प्रभावी होता है। झण्डे पर इस अगद के लेप से विषैले प्राणी नहीं आते हैं तथा नगाडे पर लेप करके बजाने से भी यह विषनिवारण में प्रभावशाली होता है।

करवीरादि अगद

करवीरार्ककुसुममूललांगलीकाकणा: ।।
कल्कयेदारनालेन पाठामरिचसंयुता: ।
एष व्यन्तरदष्टानामगद: सार्वकार्मिक: ।। ***(अ.हृ.उ. 36/70-71)***

कनेर तथा मदार (अर्क) के फूल तथा जड़, कलिहारी, पीपल, पाठा, और कालीमिर्च इन द्रव्यों को कांजी में पीसकर लेप बनायें। इस अगद का प्रयोग सभी प्रकार के सर्पविष में उपयोगी है।

कल्याणकसर्पि

विडंगत्रिफलादन्तीभद्रदारुहरेणव: ।
तालीशपत्रमंजिष्ठाकेशरोत्पलपद्मकम् ।।
दाड़िमं मालतीपुष्पं रजन्यौ सारिवे स्थिरे ।

प्रियंगुस्तगरं कुष्ठं बृहत्यौ चैलवालुकम् ।।
सचन्दनगवाक्षीभिरेतैः सिद्धं विषापहम् ।
सर्पिः कल्याणकं ह्येतद् ग्रहापस्मारनाशनम् ।। *(सु.क. 6/8-11)*

विडंग, त्रिफला, दन्ती, देवदारु, हरेणु, तालीसपत्र, मंजिष्ठा, केशर, उत्पल, पद्माक्ष, दाड़िम, चमेलीपुष्प, हरिद्रा, दारुहरिद्रा, सारिवा, कृष्णसारिवा, शालपर्णी, पृश्निपर्णी, प्रियंगु, तगर, कुष्ठ, बड़ी कटेरी, छोटी कटेरी, एलवालुक, चन्दन और इन्द्रायण इन सभी से सिद्ध किया हुआ कल्याणकघृत विषनाशक, गृहबाधानिवारक एवं अपस्मार रोगनाशक होता है।

कटुकादि अगद

कटुकातिविषाकुष्ठगृहधूमहरेणुकाः
सक्षौद्रव्योषतगरा घ्नन्ति राजीमतां विषम् ।। *(अ.हृ.उ. 36/67)*

कुटकी, अतीस, कूठ, गृहधूम, हरेणुका (मटर) के बीज, शहद, सौंठ, मरिच, पिप्पली तथा तगर इन द्रव्यों का चूर्ण बनाकर शहद और घी के साथ प्रयोग लेप और नस्य करने से राजिमान सांप का जहर दूर होता है।

काकाण्डादियोग

काकाण्डसुरसगवाक्षीपुनर्नवावायसीशिरीषफलैः ।
उद्बन्धविषजलमृते लेपौषधिनस्यपानानि ।। *(च. चि. 23/53)*

कपिकच्छू, तुलसीपत्र, इन्द्रायणबीज, पुनर्नवामूल, मकोयपत्र, शिरीषफल को एक साथ पीसकर तैय़ार की गई औषध नस्य, पान और पान के रूप में जहर को दूर करने के लिये प्रयोग करें ।

चन्दनादियोग

चन्दनं तगरं कुष्ठं हरिद्रे द्वे त्वगेव च ।
मनःशिला तमालश्च रसः कैशर एव च ।
शार्दूलस्य नखश्चैव सुपिष्टं तण्डुलाम्बुना ।। *(च.चि. 23/192)*

लाल चन्दन, तगर, कुठ, हल्दी, दारुहल्दी, दालचीनी, मैनसिल, तमालपत्र, शुद्ध पारा, नागकेसर और नखी इन सभी को बराबर मात्रा में लेकर चावल के पानी में पीस कर पीने से सभी प्रकार के विष के प्रभाव को दूर करता है।

तण्डुलीयकादि अगद

तण्डुलीयककाश्मर्यकिणिहीगिरिकर्णिका:।
मातुलुंगीसिताशेलुः पाननस्यांजनैर्हितः ।। ***(अ.हृ.उ.36/60)***

चौलाई की मूल, गम्भारीफल, अपामार्ग, अपराजिता, बीजोरामूल, मिश्री एवं लिसोड़ा की छाल को पानी के साथ पीसकर छानकर पान, नस्य और पीने के रूप में प्रयोग करना चाहिए। इससे दर्वीकर एवं राजीमान विष के घोर विष में लाभ होता है।

नतादि अगद

द्विपलं नतकुष्ठाभ्यां घृतक्षौद्रं चतुष्पलम्।
अपि तक्षकदष्टानां पानमेतत्सुखप्रदम्।। *(अ.हृ.उ. 36/73)*

तगर तथा कूठ का चूर्ण 1-1 पल (50 ग्राम) घी और शहद 2-2 पल(100 ग्राम) मिला कर पीने से सर्पविष में लाभ होता है। यह योग तक्षक नामक सर्प से काटने पर भी सुख प्रदान करता है।

तार्क्ष्य अगद

प्रपौण्डरीकं सुरदारु मुस्ता कालानुसार्या कटुरोहिणी च।
स्थौणेयकध्यामकगुग्गुलूनि पुन्नागतालीशसुवर्चिकाश्च ।।
कुटन्नटैलासितसिन्धुवारा: शैलेयकुष्ठे तगरं प्रियंगुः।
रोध्रं जलं कांचनगैरिकं च समागधं चन्दनसैन्धवं च ।।
सूक्ष्माणि चूर्णानि समानि कृत्वा श्रृंगे निदध्यान्मधुसंयुतानि।
एषोऽगदस्तार्क्ष्य इति प्रदिष्टो विषं विहन्याद् तक्षकस्य ।।

(सु. क. 5/65-67)

प्रपौण्डरीक, देवदारु, मुस्तक, कालानुसारी, कुटकी, स्थौणेयक, कत्तृण, गुग्गुलु, नागकेशर, इलायची, श्वेतनिर्गुण्डी, तालीसपत्र, सुवर्चला, श्योनाक, शिलारस, कुष्ठ, तगर, प्रियंगु, लोध्र, सुगन्धबाला, स्वर्णगैरिक, पिप्पली, चन्दन और सैन्धानमक इन सभी का बारीक चूर्ण बना कर शहद मिला कर गाय के सींग में अथवा सींग से बने पात्र में रख दे।[1] यह अगद तक्षकसर्प के विष को भी क्षण मात्र में नष्ट कर देता है।

---

1 विशेष- गाय का सींग मृत गायों को रखने के स्थान में आसानी से उपलब्ध हो जाता है।

सुगन्धादि अगद

समाः सुगन्धामृद्वीकाश्वेताख्यागजदन्तिका
अर्धांश सौरसं पत्रं कपित्थं बिल्वदाडिमम् ।
सक्षौद्रो मण्डलिविषे विशेषादगदो हितः ।। *(अ.हृ.उ. 36/61-62)*

गन्धनाकुली, मुनक्का, सफेद अपराजिता, चीड़ की लकड़ी सभी द्रव्य 2-2 तोला और तुलसी, कैथ, बेल तथा अनार के पत्ते 1-1 तोला लेकर सभी को पीस कर चूर्ण बना कर मात्रानुसार लेकर शहद के साथ देवें। यह योग मण्डली सर्प के काटने पर लाभदायक होता है।

हिमवान् अगद

पंचवल्कवरायष्टीनागपुष्पैलवालुकम्
जीवकर्षभकौ शीतं सितापद्मकमुत्पलम् ।।
सक्षौद्रो हिमवान्नाम हन्ति मण्डलिनां विषम् ।
लेपाच्छ्वयथुवीसर्पविस्फोटज्वरदाहहा ।। *(अ.हृ.उ. 36/63-64)*

पंचवल्कल (शिरीष, पीपल, बरगद, पाकड तथा वेतस इन सभी की छालें), बहेड़ा, आंवला, मुलहटी, नागकेशर, एलुआ, जीवक, ऋषभक, खस, मिश्री, पद्मकाष्ठ और कमल इन सभी द्रव्यों को समभाग लेकर चूर्ण बनाकर शहद के साथ मिलाकर लेप के रूप में इनका प्रयोग करना चाहिए। इसका प्रयोग करने से शोथ (सूजन), ज्वर, दाह, विस्फोट (छाले और फफोले) आदि दूर होते हैं।

वज्र-अगद

त्वङ्नोह्वा निशे वक्रं रसः शार्दूलजो नखः ।।
तमालः केसरं शीतं पीतं तण्डूलवारिणा ।। *(अ.हृ.उ. 36/82)*

दालचीनी, मैनसिल, हल्दी, दारुहल्दी, तगर, शुद्धपारद, बाघ का नख[1], तमाल वृक्ष के पत्ते, केसर, श्वेतचन्दन या कपूर इन द्रव्यों को आवश्यकतानुसार समभाग लेकर चावल के धोवन के साथ पीसकर पिलाने से सभी प्रकार के विष का प्रभाव दूर होता है।

---

1 विशेष- बाघ का नख वन्य जनजातियों के पास उपलब्ध हो जाता है।

बिल्वादि अगद

बिल्वस्य मूलं सुरसस्य पुष्पं फलं करंजस्य नतं सुराह्वम्।
फलत्रिकं व्योषनिशाद्वयं च बस्तस्य मूत्रेण सुसूक्ष्मपिष्टम्।।

(अ.हृ.उ. 36/84)

बेल की जड़ की छाल , तुलसी के पुष्प, करंज के फल, तगर, देवदारु, हरड़, बहेड़ा, आँवला, सौंठ, मरिच, पिप्पली, हल्दी और दारुहल्दी इन द्रव्यों को समान भाग में लेकर बकरे के मूत्र में बारीक पीसकर इसका प्रयोग अंजन,पान और नस्य के रूप में करना चाहिये । यह अगद बिच्छू के विष में भी प्रभावी है।

शिरीषादि अगद

शिरीषपुष्पस्वरसे सप्ताहं मरिचं सितम्।
भावितं सर्पदष्टानां पाननस्यांजने हितम्।। *(अ.हृ.उ. 36/72)*

सफेद मिर्च को एक सप्ताह तक शिरीष के फूलों के स्वरस की भावना देने से जो अगद तैयार होगा वह सर्पदंश में पान, नस्य और अंजन में हितकारी होता है।

संजीवन अगद

लाक्षा हरेणुर्नलदं प्रियंगुः शिग्रुद्वयं यष्टिकपृथ्विकाश्च।
चूर्णीकृतोऽयं रजनीविमिश्रो सर्पिमधुभ्यां सहितो निधेयः।।
श्रृंगे गवां पूर्ववदापिधानस्ततः प्रयोज्योऽञ्जनस्यपानैः।
संजीवनो नाम गतासुकल्पानेषोऽगदो जीवयतीह मर्त्यान्।।

(सु. क. 5/73-74)

जटामांसी, हरेणु, प्रियंगु, मधुयष्टि, लाख, मीठा सहजन, कटु सहजन, बड़ी इलायची तथा हल्दी इन सभी को मिलाकर बारीक पीस कर गाय का घी और शहद मिलाकर गाय के सींग से बने बर्तन में रख कर 15 दिन बाद इसका प्रयोग करें। काजल, नस्य तथा पान के रूप में प्रयोग करने पर यह उत्तम विषनाशक है।

क्षारागद

धवाश्वकर्णशिरीषतिनिशपलाशपिचुमर्दपाटलिपारिभद्रकाम्रोदुम्बरकरहाट...........
......समभागानि।। *(सु.क. 6/3)*

धव, अश्वकर्ण, शिरीष, तिनिश, पलास, नीम, पाटला, फरहद, आम, उदुम्बर, मदनफल, अर्जुन, कुकुभ, सर्ज, पारसपीपल, लसोड़ा, अंकोठ, आंवला, करंज, कुटज, शमी, कैथ, अश्मन्तक, अर्क, चिरबिल्व, सेहुण्ड, भिलावा,

श्योनाक, मुलेठी, सहजन, सागौन, गांवजवां, मूर्वा, भोजपत्र, तिल्वक, तालमखाना, गोपघोण्टा और खदिर। इन सबको जला कर राख बना कर गोमूत्र में 21 बार निथार कर पका दें पकाते समय इसमें पिप्पलीमूल, चौलाई, दालचीनी, तज, मंजिष्ठा, करंज, गजपिप्पली, मरिच, विडंग, गृहधूम (घर का धुआं), सारिवा, कटफल, देवदारु, जलवेतस, बेंत, केशर, शालपर्णी, कोशाम्र, श्वेतसर्षप, वरुण, पिलखन, तगर, हरताल, एरण्ड, सप्तपर्ण, एलवालुक, नागदन्ती, अतीस, हरड़, चीड़, कूठ, हल्दी, वच चूर्ण, लौह और ताम्र आदि की भस्म को मिलायें इससे क्षार तैयार हो जायेगा। इस क्षार को लौहपात्र में रख दे, यह अगद सभी प्रकार सर्पविष के निवारण में प्रभावी है। यह अगद पान नस्य और अभ्यंग के रूप में प्रभावी है ।

महासुगन्धि अगदराज

चन्दनागुरुणी कुष्ठं तगरं तिलपर्णिकम्।
प्रपौण्डरीकं नलदं सरलं देवदारु च।।
भद्रश्रियं यवफलां भार्गी नीलीं सुगन्धिकाम्।
कालेयकं पद्मकं च मधुरकं नागरं जटाम्।।
पुन्नागैलैलवालूनि गैरिकं ध्यामकं बलाम्।
तोयं सर्जरसं मांसीं शतपुष्पां हरेणुकाम्।।
तालीशपत्रं क्षुद्रैलां प्रियंगुं सकुटन्नटाम्।
शिलापुष्पं सशैलेयं पत्रं कालानुसारिवाम्।।
कटुत्रिकं शीतशिवं काश्मर्यं कटुरोहिणीम्।
सोमराजीमतिविषां पृथ्वीकामिन्द्रवारुणीम्।।
उशीरं वरुणं मुस्तं कुस्तुम्बरु नखं तथा।
श्वेते हरिद्रे स्थौणेयं लाक्षां च लवणानि च ।।
कुमुदोत्पलपद्मानि पुष्पं चापि तथाऽर्कजम्।
चम्पकाशोकसुमनस्तिल्वकप्रसवानि च।।
पाटलीशाल्मलीशैलुशिरीषाणां तथैव च ।
कुसुमं तृणमूल्याश्च सुरभीसिन्धुवारजम्।।
धवाश्वकर्णपार्थानां पुष्पाणि तिनिशस्य च ।
गुग्गुलुं कुंकुमं बिम्बीं सर्पाक्षीं गन्धनाकुलीम्।।
एतत् संभृत्य संभारं सूक्ष्मचूर्णानि कारयेत्।।

गोपित्तमधुसर्पिर्भिर्युक्तं श्रृंगे निधापयेत् ।।
भग्नस्कन्धं विवृताक्षं मृत्योर्दंष्ट्रान्तरं गतम् ।
अनेनागदमुख्येन मनुष्यं पुनराहरेत् ।।
एषोऽग्निकल्पं दुर्वारं क्रुद्धस्यामिततेज़सः ।
विषं नागपतेर्हन्यात् प्रसभं वासुकेरपि ।।
महासुगन्धिनाम्नाऽयं पंचाशीत्यंगसंयुतः ।
राजाऽगदानां सर्वेषां राज्ञो हस्ते भवेत् सदा ।।
स्नातानुक्तिप्तस्तु नृपो भवेत् सर्वजनप्रियः ।
भ्राजिष्णुतां च लभते शत्रुमध्यगतोऽपि सन् ।। ***(सु.क. 6/14-27)***

चन्दन, अगर, कुष्ठ, तगर, हुलहुल, प्रपौण्डरीक, उशीर, चीड़, देवदारु, श्वेतचन्दन, यवफला, भारंगी, नीली, सर्वगंधा, पीतचन्दन, पद्माक्ष, मुलहठी, सौंठ, जटामांसी, नागकेशर, इलायची, गेरु, कतृण, बला, बालक, राल, छेलछरीला, सौंफ, हरेणु, तालीशपत्र, छोटी इलायची, प्रियंगु, केवटीमोथा, मोथा, शिला, कासीसपुष्प, शिलारस, तेजपत्र, कालानुसार्य, त्रिकटु कपूर, गम्भारी, बावची, अतीस, मोटा जीरा, इन्द्रायण, खस, वरुण, मुस्तक, धान्यक, नख, अपराजिता-द्वय, हल्दीद्वय, स्थौणेय, कुमुद, उत्पल, चम्पक, तथा अशोक के फूल, तिल्वक, पाटली, शाल्मलि, लसोड़ा के पुष्प, केवड़ा तथा रास्ना के फल, धव, अर्जुन तथा तिनिश के पत्र, कुटकी, पांचों नमक, अर्कपुष्प, नीलकमल, कुन्दुरु, सर्पाक्षी, गन्धनाकुली, शिरीषपुष्प, निर्गुण्डी, गुग्गुलु, केशर, लाक्षा इन सभी को मिला कर महीनचूर्ण बनाकर गाय के पित्त, शहद तथा गाय के घी में मिला कर गाय के सींग से निर्मित पात्र में रख दे। इस अगद में 85 प्रकार की औषधियों का प्रयोग किया जाता है। सभी प्रकार के सर्पविषों में इसका प्रभावी उपचार है।

मांस्यादियोग

मांसीकंकुमपत्रत्वग्रजनीनतचन्दनैः ।
मनःशिलाव्याघ्रनखसुरसैम्बुपेषितैः ।। ***(च.चि. 23/190)***

जटामांसी, केसर, तेजपत्र, दालचीनी, हल्दी, तगर, चन्दन, मैनसिल, नखी, तुलसी के पत्ते इन सभी को समान भाग में लेकर पानी में पीस कर इनको पीने से, लेप करने से, नस्य लेने से और इनके अंजन का प्रयोग करने से जहर का प्रभाव दूर होता है।

क्षारादि अगद

तरुणपलाशक्षारं स्रुतं पचेच्चूर्णितैः सह समांशैः।
लोहितमृद्रजनीद्वयशुक्लसुरसमंजरीमधुकैः॥
लाक्षासैन्धवमांसीहरेणुहिंगुद्विसारिवाकुष्ठैः।
सव्योषैर्बाह्लीकैर्दर्वीविलेपनं घट्टयेद्यावत्॥
सर्वविषशोथगुल्मत्वग्दोषार्शोभगन्दरप्लीहः।
शोथापस्मारक्रिमिभूतस्वरभेदपाण्डुगदान्॥
मन्दाग्नित्वं कासं सोन्मादं नाशयेयुरथ पुंसाम्॥
गुटिकाश्छायाशुष्काः कोलसमास्ताः समुपयुक्ताः॥

(च.चि. 23-101-104)

अर्थात् छने हुए पलाश के क्षार को 12 घंटे बाद आग पर पकाते समय लालमिट्टी, हल्दी, दारुहल्दी, सफेद तुलसी की मंजरी, मुलहठी, लाख, सैंधानमक, जटामांसी, हरेणु, हिंगु, काली सारिवा, सफेद सारिवा, कूठ, सौंठ, पीपर और मरिच इनके समान भाग लेकर महीनचूर्ण बनाकर प्रयोग करें और कलछी से चलाते रहें तथा गाढा होने पर बोर के समान गुटिका बनाकर छाया में सुखा दे। यह गुटिका सभी विष में उपयोगी है।

काश्मर्यादि पान

काश्मर्यं वटशुंगानि जीवकर्षकौ सिता।
मंजिष्ठा मधुकं चेति दष्टो मण्डलिना पिबेत्॥ ***(अ.हृ.उ.36/65.)***

गम्भारी की छाल, बरगद के शुंग, जीवक, ऋषभक, मिश्री, मंजिष्ठा और मुलेठी इन द्रव्यों को जल में पीसकर छान लेवे। इस रस को पीने से मण्डली सर्प का विष दूर होता है।

मृतसंजीवनागद

स्पृक्काप्लवस्थौणेयकांक्षीशैलेयरोचनातगरम्।
ध्यामककंकुममांसीसुरसाग्रैलालकुष्ठघ्नम्॥
बृहती शिरीषपुष्पं श्रीवेष्टकपद्मचारटिविशालाः॥
सुरदारूपद्मकेशरसावरकमनःशिलाकौन्त्यः॥
जात्यर्कपुष्परसरजनीद्वयहिंगुपिप्पलीलाक्षाः।
जलमद्गपर्णीचन्दनमधुकमदनसिन्धुवाराश्च॥

शम्पाकलोध्रमयूरकगन्धफलानाकुलीविडंगाश्च।
पुष्ये संहृत्य समं पिष्ट्वा गुटिका विधेयाः स्युः। *(च.चि. 23/57)*

स्पृक्का, मुस्तक, स्थौणेयक, फिटकरी, छरीला, गोरोचन, तगर, ध्यामक अर्थात खस, कुंकुम, जटामांसी, तुलसी, कमल का केसर, चारटी, इन्द्रायण, देवदारु, मैनसिल, सावरलोध्र , हरेणुका, चमेली के फूल का रस, मदार के फूल का रस, हल्दी, दारुहल्दी, हींग, पीपर , लाख, सुगन्धबाला, मुद्गपर्णी, चन्दन, मुलहटी, मैनफल, निर्गुण्डी की पत्ती, अमलतास, लोध्र, अपामार्ग, फूलप्रियंगु, नाकुली और वायविडंग इन सभी द्रव्यों को पुष्यनक्षत्र में एकत्र कर पीस कर चूर्ण बना कर गुटिका बना दे।

शिरीषपुष्प प्रयोग

रसे शिरीषपुष्पस्य सप्ताहं मरिचं सितम्।
भावितं सर्पदष्टानां नस्यपानांजने हितम्।। *(च.चि. 23/193-194)*

शिरीषपुष्प के रस में श्वेतमरिच (सहजनबीज) को 7 दिन तक गीला करके या भिगो कर सुखा कर चूर्ण बना कर रखे एवं सर्प दंश वाले व्यक्ति को नस्य और अंजन तथा पीने के लिये प्रयोग करें ।

सर्पविषशमनार्थ विशेषयोग

गृहधूमं हरिद्रे द्वे समूलं तण्डुलीयकम्।
अपि वासुकिना दष्टः पिबेन्मधुघृताप्लुतम्।। *(च.चि. 23/198-199)*

घर का धुंआ, हल्दी, दारुहल्दी, चौलाई इनको बराबर मात्रा में लेकर जल में पीस कर गाय का घी और शहद आवश्यकतानुसार मिला कर पिलायें। पिलाने से जहर का प्रभाव नष्ट हो जाता है-

तक्षक विषनाशक योग

द्विपलं नतकुष्ठाभ्यां घृतक्षौद्रचतुष्पलम्।
अपि तक्षकदष्टानां पानमेतत् सुखप्रदम।। *(च.चि. 23/194-195)*

दो पल तगर और कूठ इन दोनों के चूर्ण को 4 पल घी और शहद में मिलाकर पीने से जहर का प्रभाव नष्ट हो जाता है

त्रिकट्वादि चूर्ण

त्रिकटुगृहधूमरजनीपंचलवणरोचना: सवार्ताका: ।

घर्षणमतिप्रवृत्ते वटादिभि: शीतलैर्लेप: ।। *(च.चि. 23/41)*

सौंठ, मरिच, पिप्पली,घर का धुँआ, हल्दी, पांच प्रकार के नमक, गोरोचन और बड़ी कण्टकारी के फल इनके महीन चूर्ण को काटने के स्थान पर रगड़ना चाहिये । यदि काटने के स्थान से अधिक खून निकल रहा हो तो उस स्थान पर बड़ आदि दूध वाले पेड़ों का लेप लगाना चाहिये ।

महागद

त्रिवृद्विशल्ये मधुकं हरिद्रे रक्ता नरेन्द्रो लवणश्च वर्ग: ।

कटुत्रिकं चैव सुचूर्णितानि श्रृंगेनिदध्यान्मधुसंयुतानि ।

एषोऽगदो हन्ति विषं प्रयुक्त: पानांजनाभ्यजंननस्ययोगै: ।

अवार्यवीर्यो विषवेगहन्ता महागदो नाम महाप्रभाव: ।। *(सु.क. 5/61-62)*

त्रिवृत्, कलिहारी , मुलहटी, हल्दी, दारुहल्दी, मंजिष्ठा, अमलतास, पांचों नमक और त्रिकटु इन सभी का बारीक चूर्ण बनाकर शहद में मिलाकर गाय के सींग में रखे। इसे पीने, अभ्यंग, अंजन और नस्य के रूप में प्रयोग में लाया जाता है। किसी भी प्रकार के विष से अपराजित होने के कारण इसे महागद कहा गया है।

सर्पदंश में वाल्मीक मिट्टी आदि का प्रयोग– अगदों को दूध, घी, मधु मिलाकर प्रयोग करना चाहिए। अगदों के अभाव में काली मिट्टी या बांबी की मिट्टी को दूध के साथ मिलाकर पिलावे। कचनार, शिरीष, अर्क, अपराजिता आदि का सेवन करना चाहिए।

पाययेतगदांस्तांस्तान् क्षीरक्षौद्रघृतादिभि: ।

तदलाभे हिता वा स्यात् कृष्णा वल्मीकमृत्तिका ।

कोविदारीशरीषार्क कटभीर्वाऽपि भक्षयेद् ।। *(सु. क. 5/17)*

प्राचीन चिकित्साशास्त्रों में जो भी अगद बतलाये गये हैं उन्हें पहले से तैयार करके रखा जा सकता है। सर्प के काटने पर पहले दंशस्थान से रक्त निकाल कर या मांस काट कर पूर्वनिर्मित अगद का पान, लेप, नस्य या अंजन विषनिवारण में हितकारी है।

संग्रहग्रन्थों में सर्पविष चिकित्सा

डा. राजेन्द्र प्रसाद पूर्विया

अनागतबाधा प्रतिषेध

- जो मनुष्य सूर्य के मेषराशि में या वैशाख माह में मसूर के एक दाने को निम्ब के दो पत्रों के साथ मनुष्य सेवन करता है उसे एक वर्ष तक सर्पदंश का भय नहीं रहता है।

  (भै.र. 72/9)

- पुष्यनक्षत्र में सफेद पुनर्नवा की मूल को पानी के साथ पीसकर तण्डूलोदक के साथ सेवन करने पर व्यक्ति एक वर्ष तक सर्पविष के उपद्रवों से सुरक्षित रहता है।

  (भै.र. 72/10)

- जो व्यक्ति कण्टकी शिरीष के मूल को चावल के धोवन के साथ किसी उत्तम नक्षत्र में सेवन करता है उसे साँप के काटने का भय नहीं रहता है। अभिमान से मोह के वशीभूत होकर यदि सर्प कण्टकी शिरीष के मूल को सेवन करने वाले व्यक्ति को काटता है तो वह स्वयं अवश्य ही यमराज के मुंह में जाता है अर्थात् वही (सर्प) मर जाता है। *(चक्रदत्त 65/2)*
- **ॐ प्लः सर्पकुलाय स्वाहा।** इस मंत्र से मिट्टी के ढेले को सात बार अभिमंत्रित कर घर में डालने से सर्प भाग जाते हैं।

सामान्य चिकित्सा

- रसोई घर का धूम, हल्दी, दारुहल्दी और चौलाई का पंचांग सभी को पीस कर दही के साथ पीने पर वासुकि नाग द्वारा काटा हुआ भी ठीक हो जाता है।

  (भै.र. 72/11)

- शिग्रुबीज के चूर्ण को शिरीष के पुष्पों के स्वरस से सात दिन तक भावित करके शुष्क चूर्ण बनाकर नस्य, अंजन के रूप में अथवा एक ग्राम की मात्रा में सेवन करने पर सर्पदंश के रोगी ठीक हो जाते हैं। *(भै.र. 72/14)*
- तगर और कुष्ठ का मिलित चूर्ण 8 तोला, 16 तोला घी और मधु मिलाकर पिलाने से तक्षकसर्प द्वारा काटा गया रोगी भी ठीक हो जाता है।

  (भै.र. 72/16)

- बांझ ककोड़ा की जड़ के चूर्ण को बकरी के मूत्र के साथ पीसकर सुखा लेवे और कांजी के साथ नस्य के रूप में प्रयोग करने पर मूर्च्छा दूर हो जाती है। *(भै.र. 72/16)*
- मधु, घी, मक्खन, पिप्पली, सोंठ, मरिच और सैंधवलवण को पीसकर सेवन करना चाहिए। इसके सेवन से क्रोधयुक्त तक्षक से भी डंसा हुआ व्यक्ति तत्क्षण विष दोष से मुक्त हो जाता है। इसमें काई संदेह नहीं है। *(भै.र. 72/47)*
- करंज, त्रिकटु, बिल्वमूल, हल्दी, दारुहल्दी और तुलसीमंजरी इन सभी को पीसकर अंजन करने पर सर्पदंश से मूर्च्छित व्यक्ति होश में आ जाता है। *(भै.र. 72/48)*
- नाक के मल को अनामिका की अंगुली से लेप तथा मनुष्य के मूत्र से सींचें। यह प्रयोग भयंकर सर्पदंश के विष को नष्ट करता है। *(चक्रदत्त 65/6)*
- शिरीष के फूल के स्वरस में सात बार भावित करके और श्वेत सरसों के कल्क मिलाकर का नस्य, पान तथा अंजन के रूप में प्रयोग करना हितकर होता है। *(चक्रदत्त 65/7)*
- तगर और कूठ का चूर्ण दो पल, घी और मधु चार पल में मिलाकर पान करने तक्षक का भी विष नष्ट होता है। *(चक्रदत्त 65/8)*
- बांझ ककोड़ा की जड़ को बकरी के मूत्र के साथ सात बार भावित कर तथा कांजी के साथ पीसकर मुर्च्छित व्यक्ति को नस्य देना चाहिए। *(चक्रदत्त 65/9)*
- **घृतादि सप्तक अगद–** घी, मधु, मक्खन, पिप्पली, आर्द्रक या सोंठ, मरिच और सैंधव का चूर्ण बनाकर रोगी को पिलाने से तक्षकसर्प का भी विष शीघ्र ही नष्ट हो जाता है। *(योगरत्नाकर/विषचिकित्सा/पेज 469)*
- **नक्तमालादि अंजन–** करंजफल सोंठ, मरिच, पिप्पली, बिल्वमूल, हल्दी और दारुहल्दी को समभाग लेकर शिरीषस्वरस के साथ पीसकर या मूत्र के साथ घोटकर विधिपूर्वक अंजन लगाने से सर्पदंश से मूर्च्छित व्यक्ति को चेतना आ जाती है। *(योगरत्नाकर/विषचिकित्सा/पेज 469)*
- श्वेतपुनर्नवा, खेजड़ीमूल, ईश्वरीमूल, देवदाली अथवा बांझककोडे की मूल तथा पाठा की मूल में से पृथक् पृथक् किसी एक का नस्य देना सर्पदंश वाले व्यक्ति के लिए हितकर होता है। *(योगरत्नाकर/विषचिकित्सा/पेज 469)*

- **मारिचकन्द योग**– मिरिचियाकन्द (नागपहाड़ी) को निकालकर 10 ग्राम कन्द को शिला पर घोटकर 10–15 मि.लि. जल में छानकर विषजुष्ट व्यक्ति को पिलावे। गोहरा के काटे हुए व्यक्ति को भी इसके रस का नस्य देवें। स्वरस प्राप्त नहीं होने पर जल में घोटकर निकाले घी का पान करे तथा तैल एवं अम्ल द्रव्यों का वर्जन करे। सर्पदंश में एक – एक घण्टे के अन्तराल से गोहरे के विष या दंश में 15 मिनट के अन्तराल से बार बार प्रयोग करे।
(सिद्धभैषज्यमणिमाला/चतुर्थगुच्छ/विषचिकित्सा/1160)
- **अण्डत्वक्योग**– मोर के अण्डे के छिलके का चूर्ण 5 ग्राम कालीमिर्च 21 नग का चूर्ण मिलाकर 40 मि.ली. जल के अनुपान से सर्पदंश में एक – एक घण्टे के अन्तराल से गोहरे के विष या दंश में 15 मिनट के अन्तराल से बार बार प्रयोग करे। *(सिद्धभैषज्यमणिमाला/चतुर्थगुच्छ/ विषचिकित्सा/1160)*
- हरीतकी, गोरोचन, अर्कपुष्प, कमलनाल, नल, वेतस, तुलसी, इन्द्रयव, मंजिष्ठा, यवासा, शतावरी, सिंघाड़ा क्वाथ को गो घी से सिद्ध करके शतावरीरस के साथ मर्दन करके नस्य देवे। *(अमृतसागर)*
- घी, मधु, मक्खन, पिप्पली, अदरक, कालीमिर्च और सैंधव को जल के साथ पीसकर पिलाना चाहिए। *(अमृतसागर)*
- **साज्या मयूरचूडा तु पीता तण्डुलवारिणा।**
सर्वसर्पविषं हन्यात् काकजंघाऽथवा ध्रुवम्।। ***(ग.नि. 7/3/6)***
सर्पविष में मयूरशिखा अथवा काकजंघा को घी के साथ पान से निश्चित ही सर्पविष का नाश होता है।
- **नस्यांजनालेपपानयोगैभुजंगदष्टस्य विषं निहन्ति।**
मूलं गरुड्याः परिघृष्यमाणं च श्यामलत्वं प्रतिपद्यते चेत्।।
(रा.मा. .29/4, ग.नि./7/3/29–30)
जलजमनी की मूल का प्रयोग नस्य, अंजन, आलेप और पान के रूप में सर्पविष में प्रयुक्त करनी चाहिए।
- शिग्रुबीज के चूर्ण में शिरीषपुष्प के स्वरस की सात भावना देकर अंजन करवाना चाहिए। *(अमृतसागर)*
- पुष्यनक्षत्र में श्वेतपुनर्नवा की मूल को पीसकर तण्डुल के धोवन के साथ पीसकर पिलाना चाहिए। *(अमृतसागर)*

- जयपाल के बीजों में नींबूस्वरस और लाक्षारस की देकर अंजन करना चाहिए। *(अमृतसागर)*

सर्पविष की विशेष चिकित्सा

वेगानुसार चिकित्सा

- त्वचागत विष – अपराजिता की मूल को घी के साथ सेवन करना चाहिए।
- रक्तगत विष – अपराजिता की मूल को दूध के साथ सेवन करना चाहिए।
- मांसगत विष – अपराजिता की मूल को कूठ के साथ सेवन करना चाहिए।
- अस्थिगत विष – अपराजिता की मूल को हलदी के साथ सेवन करना चाहिए।
- मेदोगत विष – अपराजिता की मूल को काकोली के साथ सेवन करना चाहिए।
- मज्जागत विष – अपराजिता की मूल को पिप्पलीचूर्ण के साथ सेवन करना चाहिए।
- शुक्रगत विष – अपराजिता की मूल को वाराहीकन्द के साथ सेवन करना चाहिए। *(भै.र. 72/43–45)*

अपराजिता (*Clitorea ternatea*)

6

सर्पविषघ्न औषधियां का सचित्र विवेचन

डॉ. राजेन्द्र प्रसाद पूर्विया

1. नाकुली

संस्कृत नाम	–	ईश्वरी
हिन्दी नाम	–	इसरमूल
लैटिन नाम	–	*Aristolochia indica*
स्थानीय नाम	–	इसरमूल, कालीपाठ
स्वरूप	–	बहुवर्षायु बेल या लता
प्राप्तस्थान	–	पानी वाले स्थानों पर अधिक मिलती है तथा उगाने पर सर्वत्र लग जाती है।
प्रयोज्यांग	–	मूल
अनुपान/सहपान	–	जल के साथ
कल्पना	–	स्वरस, चूर्ण और क्वाथ
औषध संग्रहण का समय	–	ग्रीष्मकाल
कृषिकरण	–	इसके बीज वर्षाऋतु में उगाये जाते हैं।

ईश्वरी (*Aristolochia indica*)

गुणकर्म

नाकुली तुवरा तिक्ता कटुकोष्णा विनाशयेत्।
भोगिलूतावृश्चिकाखुविषज्वरकृमिव्रणान्।।

(भावप्रकाश/हरितक्यादिवर्ग/16)

तिक्त–कटुरस युक्त और उष्णगुण वाली नाकुली सर्प, मकड़ी, बिच्छू, चूहा, ज्वर, कृमि और व्रण को नष्ट करने में श्रेष्ठ कही गई है।

2. अंकोल

संस्कृत नाम – अंकोल
हिन्दी नाम – अंकोल
लैटिन नाम – *Alangium salvifolium*
स्थानीय नाम – ढेरा, ढेला
स्वरूप – बहु वर्षायु वृक्ष होता है।
प्राप्तिस्थान – इसके वृक्ष बंगाल, बिहार, राजस्थान, उत्तरप्रदेश, दक्षिण भारत में सर्वत्र होते हैं।
प्रयोज्यांग – मूलत्वक्
अनुपान/सहपान – जल के साथ
कल्पना – चूर्ण और क्वाथ
औषध संग्रहण का समय – शरद् या ग्रीष्मऋतु में
कृषिकरण – इसके बीज वर्षाऋतु में उगाये जाते हैं।

गुणकर्म

अंकोटक: कटुस्तीक्ष्ण: स्निग्धोष्णतुवरो लघु:।
रेचन: कृमिशूलामशोफग्रहविषापह:।।
विसर्पकफपित्तास्रमूषकाहिविषापह:। *(भावप्रकाश/ गुडूच्यादि/140)*

अंकोल (*Alangium salvifolium*)

कटुरस, तीक्ष्ण, स्निग्ध, उष्ण और लघु गुण वाला अंकोल रेचन, कृमि, शूल, आम, सूजन, ग्रहबाधा, विष, विसर्प, वात, पित्त और कफशामक और चूहे तथा सांप के जहर को नष्ट करता है।

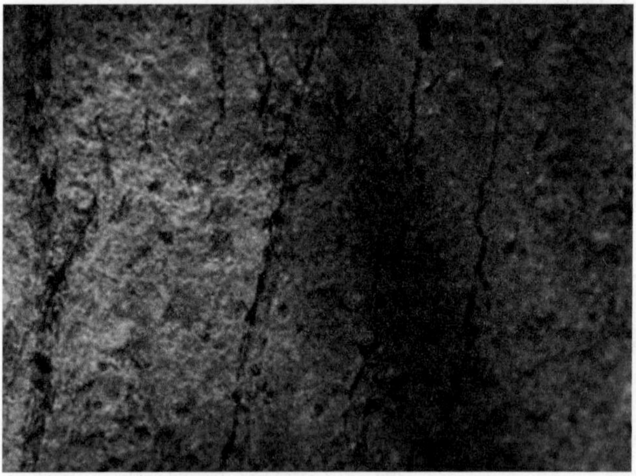

अंकोलत्वक् (*Alangium salvifolium*)

3. बन्ध्या कर्कोटकी

संस्कृत नाम – कर्कोटकी

हिन्दी नाम – बांझककोडा, बांझकंकोडा

लैटिन नाम – *Momordica dioica*

स्थानीय नाम – बांझककोडा

प्राप्तिस्थान – इसकी बेल वर्षाऋतु में सर्वत्र (उष्णप्रदेशों में) उगती है।

स्वरूप – इसकी वर्षायु लता होती है। इसके कन्द वर्षा ऋतु में उगते हैं और शरद्दतु में सूख जाते हैं।

प्रयोज्यांग – कन्द

अनुपान/सहपान – जल

कल्पना – चूर्ण या क्वाथ और स्वरस

औषध संग्रहण का समय – शरद् और ग्रीष्म

कृषिकरण – इसके कन्द वर्षाऋतु अथवा वर्षाऋतु से पूर्व प्रावृट्–ऋतु में उगाये जाते हैं।

कर्कोटकी *(Momordica dioica)*

गुणकर्म

बन्ध्या तिक्ता कटुस्तीक्ष्णा लघुवर्णाविषास्रनुत्।
बलासर्पदर्पघ्नी विसर्पविषहारिणी। ***(कैयदेव निघण्टु/औषधवर्ग/551)***

बन्ध्या कर्कोटक तिक्त-कटुरस, तीक्ष्ण लघुगुण वाली विष के प्रभाव को नष्ट करने वाली है। बला नामक औषधि भी सर्पविषनिवारण तथा विसर्परोग में प्रभावी होती हैं।

बन्ध्याकर्कोटकीमूलं छागमूत्रेण भावितम्।
नस्यं कांजिकसंपिष्टं विषोपहृतचेतसः ।।

(योगरत्नाकर/विषचिकित्सा/पेज 469)

बांझ ककोडे की जड़ को बकरी के मूत्र मे भावित कर कांजी के साथ पीसकर नस्य देने से विष पीड़ित व्यक्ति को चेतना आ जाती है।

4. काकजंघा

संस्कृत नाम – काकजंघा
हिन्दी नाम – काकजंघा
लैटिन नाम – *Leea hirta*
स्थानीय नाम – मसि
प्राप्तिस्थान – यह सर्वत्र उत्पन्न होती है।
स्वरूप – इसके क्षुप वर्षाऋतु में उत्पन्न होते है तथा बसन्तऋतु में सूख जाते हैं।
प्रयोज्यांग – पंचांग

अनुपान/सहपान – जल के साथ

कल्पना – चूर्ण और क्वाथ

औषधसंग्रहण का समय – शरद्दतु

कृषिकरण – इसके बीज वर्षाऋतु में उगाये अथवा उगते है।

काकजंघा *(Leea hirta)*

गुणकर्म

सर्वसर्पविषं हन्यात् काकजंघा अथवा ध्रुवम्। *(गदनिग्रह 7/3/6)*

काकजंघा निश्चित रूप से सभी प्रकार के विष को नष्ट करती है।

5. तण्डुलीय

संस्कृत नाम – तण्डुलीय

हिन्दी नाम – चौलाई, चन्दलिया

लैटिन नाम – *Amaranthus spinosa*

स्थानीय नाम – चौलाई

प्राप्तिस्थान – इसके क्षुप सर्वत्र उत्पन्न होते हैं।

स्वरूप – इसके क्षुप वर्षाऋतु में उत्पन्न होते हैं। बसन्तऋतु तक इसके क्षुप रहते हैं। इसके बाद नष्ट हो जाते हैं। यह दो प्रकार की होती है।
(1) कांटेवाली और (2) बिनाकांटे वाली

प्रयोज्यांग - पंचांग, मूल

अनुपान/सहपान - जल

कल्पना - स्वरस और चूर्ण

औषध संग्रहण का समय - यथा-ऋतु

कृषिकरण - इसकी खेती वर्षाऋतु में अथवा शरदृतु में करते हैं।

तण्डुलीय (*Amaranthus spinosa*)

गुणकर्म

तण्डुलीयकमूलं तु पीतं तण्डूलवारिणा।
तक्षकेणापि दंष्टं हि निर्विषं कुरुते नरम्।।

(योगरत्नाकर/विषचिकित्सा/पेज 468)

चौलाई के मूल को चावल के धोवन के साथ पीसकर पिलाने से तक्षक सर्प ने भी डंसा हो तो उसके विष से विषार्त्त मनुष्य को भी यह विषरहित कर देता है।

शिरीषपुष्प स्वरस से श्वेतमरिच को एक सप्ताह तक भावित करके सर्पदंश वाले व्यक्ति को पिलाने से, नस्य देने से और अंजन करने से लाभ होता है।

(योगरत्नाकर/विषचिकित्सा/पेज 469)

6. लांगली

संस्कृत नाम	–	लांगली
हिन्दी नाम	–	कलिहारी, कलियारी
लैटिन नाम	–	*Gloriosa superba*
स्थानीय नाम	–	कलियारी
स्वरूप	–	इसकी वर्षायु लता होती है।
प्राप्तिस्थान	–	यह भारत में सर्वत्र उत्पन्न होती है।
संग्रहकाल	–	इसके कन्द शरदृतु में संग्रहित किये जाते हैं।
प्रयोज्यांग	–	कन्द
अनुपान/सहपान	–	जल
कल्पना	–	चूर्ण और क्वाथ का प्रयोग नस्य के रूप में किया जाता है।
औषधसंग्रहण का समय	–	शरदृतु
कृषिकरण	–	इसके कन्द वर्षाऋतु में उगाये अथवा उगते हैं।

लांगली (*Gloriosa superba*)

गुणकर्म

जलेन लांगलीकन्दं नस्यं सर्पविषापहम् ।।

(योगरत्नाकर/विषचिकित्सा/पेज 470)

कलिहारीमूल को जल के साथ पीसकर नस्य देने से सर्पविष नष्ट होता है।

7. नागदमन

संस्कृत नाम – नागदमन

हिन्दी नाम – नागदोन

लैटिन नाम – *Euphorbia tithymaloides*

स्थानीय नाम – नागदोन

स्वरूप – इसका बहुवर्षायु क्षुप या गुल्म होता है।

प्राप्तिस्थान – इसके क्षुप सर्वत्र सौन्दर्यकरण हेतु उगाये जाते है।

प्रयोज्यांग – पत्र

अनुपान/सहपान – जल

कल्पना – स्वरस

औषध संग्रहण का समय – इसका प्रयोग आर्द्रावस्था में कभी भी किया जा सकता है।

कृषिकरण – इसके मूल को काटकर वर्षा अथवा शरद्दतु में उगाये जाते है।

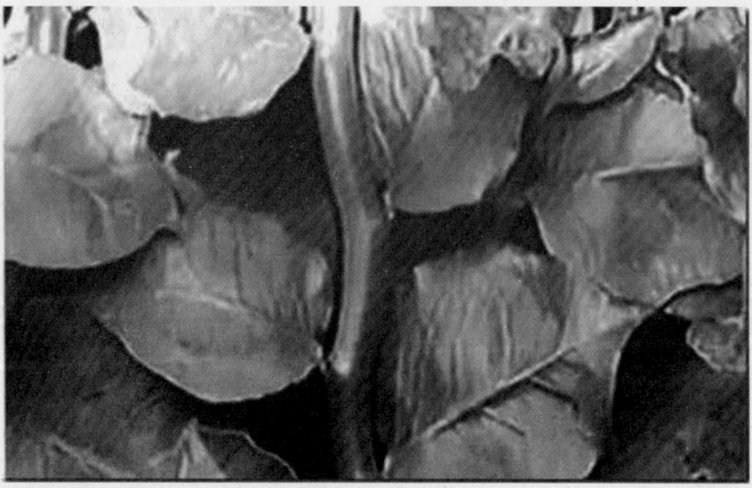

गुणकर्म

महायोगेश्वरी तिक्ता कटुका हरते व्रणान्।
रक्षोग्रविषसर्पलूतागर्दभजालकान्।।

नागदमनी जो कि तिक्त और कटु रस वाली कही गयी है यह औषधि सर्प, मकड़ी, और गदर्भ विषनिवारण में उपयोगी मानी गयी है।

8. अर्क

संस्कृत नाम	–	अर्क
हिन्दी नाम	–	मदार
लैटिन नाम	–	*Calotropis procera*
स्थानीय नाम	–	आंकड़ा
स्वरूप	–	इसका गुल्म (झाड़ी) अथवा क्षुप के रूप में मिलता है।
प्राप्तिस्थान	–	इसके क्षुप या गुल्म शीतल प्रदेशों को छोड़कर सर्वत्र उष्ण प्रदेशों में उत्पन्न होते हैं।
प्रयोज्यांग	–	क्षीर या दूध
अनुपान/सहपान	–	जल
कल्पना	–	इसके बीज वर्षाऋतु में उगते अथवा उगाये जाते है।
औषध संग्रहण का समय	–	इसके मूल का संग्रहण ग्रीष्मऋतु में अथवा वर्षाऋतु में तथा पुष्प का संग्रह यथा–ऋतु (जिस ऋतु में पुष्प आते हैं उस ऋतु में) संग्रह करना चाहिए।
कृषिकरण	–	इसकी खेती करने के लिए इसके बीज वर्षाऋतु में उगाये जाते हैं।

अर्कपंचांग *(Calotropis procera)*

गुणकर्म

वारिणा टंकणं पीतमथवाऽर्कस्य मूलकम् ।।

(योगरत्नाकर/विषचिकित्सा/पेज 470)

शुद्ध सुहागा को अथवा अर्क की मूल को जल के साथ पीसकर पान करने से सर्पविष नष्ट होता है।

9. पटोल

संस्कृत नाम	–	पटोल
हिन्दी नाम	–	परवल
लैटिन नाम	–	*Tricossanthes dioica*
स्थानीय नाम	–	परवल
स्वरूप	–	इसकी लता होती है।
उत्पत्ति स्थान	–	यह भारत में सर्वत्र उत्पन्न होती हैं।
प्रयोज्यांग	–	मूल
अनुपान/सहपान	–	जल
कल्पना	–	चूर्ण और क्वाथ
औषध संग्रहण का समय	–	ग्रीष्म या शरद्दतु में इसकी मूल का संग्रहण करना चाहिए।
कृषिकरण	–	इसके बीज वर्षा ऋतु में उगाये जाते हैं।

पटोलमूल (*Tricossanthes dioica*)

गुणकर्म

कुलकमूलनस्येन कालदष्टोऽपि जीवति।

पटोल की जड़ के चूर्ण का नस्य बनाकर देने से यदि काल के समान भयंकर सर्प ने डॅसा हो तो भी वह जीवित हो जाता है।

(योगरत्नाकर/विषचिकित्सा/पेज 470)

10. सप्तला

संस्कृत नाम	–	सप्तला
हिन्दी नाम	–	सातला
लैटिन नाम	–	*Cassia concinna*
स्थानीय नाम	–	शिकाकाई
स्वरूप	–	इसका कण्टकित छोटा वृक्ष होता है।
उत्पत्ति स्थान	–	यह सर्वत्र होती है यह विशेष रूप से उष्ण प्रदेशों में अधिक उत्पन्न होती है।
संग्रहण काल	–	इसके फलों का संग्रहण बसन्त ऋतु में करना चाहिए।
प्रयोज्यांग	–	फल
अनुपान/सहपान	–	जल
कल्पना	–	चूर्ण और क्वाथ
औषध संग्रहण का समय	–	ग्रीष्म ऋतु
कृषिकरण	–	इसके बीज वर्षा ऋतु में उगाये जाते हैं।

सप्तलापंचांग (*Acassia consinna*)

सप्तलाफल (*Acassia consinna* fruit)

गुणकर्म

सप्तलाफलफेननांजनं कृत्वा सर्पविषं नश्यति ।।

(योगरत्नाकर/विषचिकित्सा/पेज 470)

सप्तलाफल के फेन का अंजन करने से सर्पविष को नष्ट करता है।

11. तगर एवं कुष्ठ

संस्कृत नाम – कुष्ठ
हिन्दी नाम – कूठ
लैटिन नाम – *Saussurea lappa*
स्थानीय नाम – कूठ
स्वरूप – इसका बहुवर्षायु क्षुप होता है।
प्राप्तिस्थान – यह हिमालय में उत्पन्न होता है।
प्रयोज्यांग – मूल
अनुपान/सहपान – जल
कल्पना – चूर्ण और क्वाथ
औषध संग्रहण का समय – ग्रीष्म ऋतु
कृषिकरण – कृषिकरण हेतु वर्षा ऋतु में इसके बीज उगाये जाते हैं।

कुष्ठ पंचांग (*Saussurea lappa*)

कुष्ठमूल (*Saussurea lappa* root)

तगर

संस्कृत नाम – तगर
हिन्दी नाम – तगर
लैटिन नाम – *Valeriana wallichii*
स्थानीय नाम – तगर
स्वरूप – इसका बहुवर्षायु प्रसरीय क्षुप होता है।
प्राप्तिस्थान – यह हिमालय में 4 हजार से 12 फीट की ऊँचाई तक अधिक उत्पन्न होता है।
प्रयोज्यांग – मूल
अनुपान/सहपान – जल

कल्पना – चूर्ण और क्वाथ
औषध संग्रहण का समय – ग्रीष्म ऋतु
कृषिकरण – इसके मूल निकालकर अन्य स्थान पर रोपण करने से इसका दूसरा पौधा तैयार हो जाता है।

तगर पंचांग (*Valeriana wallichii*)

तगर (*Valeriana wallichii* root)

गुणकर्म

द्विपलं नतकुष्ठाभ्यां घीक्षौद्रचतुष्पलम्।
अपि तक्षकदष्टानां पानमेतत् सुखप्रदम्॥
.... दर्वीकरैर्दष्टे नस्यं समधुपाकलम्॥ *(च. चि. 23/194-196)*

दो पल नत एवं कुष्ठ के साथ चार पल घी एवं शहद से युक्त पान तक्षक के विष को भी नष्ट करता है। दर्वीकर सर्प द्वारा काटने पर इसका नस्य उपयोग होता है।

12. लज्जालु

संस्कृत नाम – लज्जालु
हिन्दी नाम – छुईमुई
लैटिन नाम – *Mimosa pudica*
स्थानीय नाम – छुईमुई
स्वरूप – इसका प्रसरीय क्षुप होता है।
प्राप्तिस्थान – यह भारत में सर्वत्र उत्पन्न होती है।
संग्रहकाल – इसकी मूल अथवा पंचांग का संग्रहण शरदृतु में करना चाहिए।
प्रयोज्यांग – पंचांग
अनुपान/सहपान – जल
कल्पना – चूर्ण, क्वाथ और स्वरस

कृषिकरण – इसकी खेती के लिए वर्षा ऋतु में इसके बीज उगाये जाते हैं।

लज्जालु पंचांग *(Mimosa pudica)*

लज्जालु *(Mimosa pudica* root*)*

गुणकर्म

पानेन मण्डलिविषं यदि वा लज्जावती। *(राजमार्तण्ड 29/8)*

लज्जावती के क्वाथ का पान मण्डलीसर्प के विष को नष्ट करता है।

13. अम्लिका

अम्लिका पंचांग *(Tamarindus indica)*

संस्कृत नाम – अम्लिका

हिन्दी नाम – चिंचा, इमली

लैटिन नाम – *Tamarindus indica*

स्थानीय नाम – इमली

स्वरूप – इसका बहु वर्षायु वृक्ष 30–50 फीट ऊँचा होता है।

उत्पत्ति स्थान – यह भारत के उष्ण प्रदेशों में अधिक उत्पन्न होती है।

प्रयोज्यांग – पत्र और फल

अनुपान/सहपान – जल

कल्पना – स्वरस, चूर्ण और क्वाथ

औषध संग्रहण का समय – बसन्त ऋतु

कृषिकरण – खेती करने के लिए इसके बीज वर्षा ऋतु में उगाते हैं।

गुणकर्म

लवणार्धपलोपेतः चिंचापल्लवजो रसः।

अम्लिकाबीज (*Tamarindus indica* fruit & seeds)

गुणकर्म

कुडवप्रमितः पीतो विषं हन्ति फणाभृतम्।। *(वैद्यमनोरमा 19/38)*

एक पल इमली के पत्तों का रस और आधा पल सैंधानमक को यदि एक कुड़व मात्रा में पिया जाये तो यह सांप के विष को नष्ट करने में बड़े प्रभावी हैं।

7

सर्प विष की अनुभूत और परम्परागत चिकित्सा

जबरदान कविया, कृष्णगोपाल शर्मा

सर्पविष की विभिन्न आदिवासी क्षेत्रों तथा अन्य क्षेत्रों में प्रचलित चिकित्सा निम्न प्रकार से हैं–

- खेजड़ी के वृक्ष की अन्तःछाल (अन्दर की छाल) को हरी अवस्था में ही कूटकर रस निकालकर पिलाने पर सर्पविष को दूर करती है।

ज्ञानप्राप्ति– जबरदान, ग्राम बिराई, तहसील बालेसर, जिला जोधपुर।

शमी बाह्यत्वक्

शमी पुष्पितपादप

- घर की दहलीज पर नमक की रेखा का प्रयोग करना चाहिए। क्योंकि सर्प उसे पार नहीं कर सकता। यदि वह सर्प उसे पार करता है तो उसके शरीर पर छिद्र हो जाते हैं।

ज्ञानप्राप्ति– राजेश कुमार, बलसाड़, गुजरात के आदिवासी इसका प्रयोग सर्प से बचाव के रूप में करते हैं।

- सर्प अपनी केंचुली को वर्षाऋतु में उतारता है। इस केंचुली का धुआँ सर्प को भगाता है।

ज्ञानप्राप्ति– कर्पूर चन्द जी, उदयपुर स्थित रामदेवजी के देवरा पर पूज्य रेबारी बाबा।

- **शुद्धतिल के तैल का प्रयोग–** सर्प काटने पर उसे तुरन्त 250 मि. लि. शुद्ध तिल तैल का सेवन कराना चाहिए। इससे उल्टी के साथ विष बाहर निकाल देता है।

  ज्ञानप्राप्ति– स्व. श्री नरसिंगदान जी चारण, इस प्रयोग से उन्होनें अपने पौत्र को बचाया था।

- यदि सर्प को नियन्त्रित करना है तो तिलतैल का छिड़काव करना चाहिये क्योंकि तिलतैल से सर्प की त्वचा पर अनेक स्थानों पर छिद्र हो जाते हैं जिससे वह घायल हो जाता है।

  ज्ञानप्राप्ति– स्व. श्री नरसिंगदान जी चारण, इस प्रयोग से उन्होनें अपने पौत्र को बचाया था।

- 30 मि.ली प्याज का रस, 30 मि.ली सरसों का तेल दोनों मिलाकर 60 मि.ली मात्रा पीड़ित को पिला दे। उक्त क्रिया प्रत्येक आधा–आधा घंटे में तीन बार करने से रोगी को अवश्य आराम आ जायेगा।

  ज्ञानप्राप्ति– हकीम वजीर चन्द्र जी एवं श्री कृष्णगोपाल शर्मा

- मरवे या तुलसी की गंध से सर्प भाग जाता है।

  ज्ञान प्राप्ति – अज्ञात

मरुबक

तुलसी

- सर्पदंश पर अभूतपूर्व सिद्धबूटी जिसे सर्पसंजीवनी बूटी भी कहा जाता है, वह है गूमा या द्रोणपुष्पी। किसी भी प्रकार के विषैले सर्प ने काटा हो या रोगी की कितनी भी गम्भीर दशा क्यों न हो इस बूटी के पत्ते के रस की कुछ बूँदे ऑख में

डालते ही रोगी छटपटाने लगता है। इस प्रकार 5–5 मिनट पर ऑखो में बूँदे डालने पर रोगी बैठ जाता है और उसके शरीर की ऐंठन समाप्त होने लगती है। पुनः गुम्मा के पत्तों का स्वरस 20–20 मि.ली 15–15 मिनिट में पिला देते हैं तथा कालीमिर्च और निम्बपत्र खिलाकर निर्विष होने की परीक्षा करते रहते हैं कुल 25 मिनिट बाद रोगी स्वस्थ होकर चला जाता है। (वनौषधि रत्नाकरजीवनी) इस योग का नाम संजीवनी वटी है। *(वैद्य–कृष्णगोपाल शर्मा)*

द्रोणपुष्पी

- त्रिफला को पुराने घी के साथ का सेवन करना चाहिए।

  (वैद्य– कृष्णगोपाल शर्मा)

- जमालगोटा के बीज को घिसकर आँख में अंजन लगाये।

  (वैद्य– कृष्णगोपाल शर्मा)

- अर्कपत्र का दोना बनाकर इसमें अर्क का दूध भरकर सर्पविष से आक्रान्त व्यक्ति को पिलाना चाहिए। इससे वमन होकर सर्प का विष उतर जायेगा।

  (वैद्य– कृष्णगोपाल शर्मा)

- सर्पदंश में ईश्वरीमूल या कीड़ामारीमूल का कल्क बनाकर सेवन करना चाहिए। तत्पश्चात कालीमिर्च का चूर्ण गोघृत के साथ सेवन करवाना चाहिए।

  (स्व. रामनिवास पूर्विया)

भाग-2

8

वृश्चिक (बिच्छू) दंश या विषनिवारण

डॉ. नन्दिता सिंघवी

पुराणों में चिकित्सा

वृश्चिकविष (बिच्छू) चिकित्सा के संदर्भ अग्निपुराण एवं गरुड़पुराण में निम्न उदाहण प्राप्त होते हैं–

1. बिच्छू के काटे जाने पर अर्क का दूध दंश वाले स्थान पर लेप करने से दाह और वेदना दोनों शान्त होते हैं। *(अग्निपुराण, 279. 57)*
2. बिच्छू के काटने पर मयूरपत्री और घी का धूपन करना चाहिए। *(अग्निपुराण 279. 57)*
3. मदार के दूध में पलाश का बीज को पीसकर लेप करने से बिच्छू का जहर उतर जाता है। तथा पीपर या हरड़, मैनफल के साथ चूर्ण बनाकर पानी के साथ देवे। *(अग्निपुराण 279. 58)*
4. चन्दन विषनाशक ओषधि है। त्रिफला, अदरक, कूट और चन्दन को घी में मिलाकर पान व लेपन से बिच्छू का विष नष्ट होता है। *(अग्निपुराण 279. 8)*

श्वेतचन्दन

5. मंजिष्ठा, चन्दन, त्रिकुट (सोंठ, मिर्च, पिप्पली) कोकाबेली और शिरीषपुष्प के लेप से बिच्छू की पीड़ा शान्त होती है। *(अग्निपुराण 298.12)*
6. बिच्छू के डंक के स्थान पर सोंठ या तगर का लेप लगाने से विष नष्ट हो जाता है। *(गरुड़पुराण, 1.191.17)*
7. चावल के पानी में मिलाकर पीसे हुए श्वेतपुष्प वाले वर्षाभू (पुनर्नवा) का रस बिच्छू दंश के विष को दूर कर देता है। *(अग्निपुराण 1.172.20)*

पुनर्नवा

8. पिप्पली, मक्खन, आर्द्रक या सोंठ, सेंधानमक, कालीमिर्च, दही, और कूठ का नस्य लेने तथा उसका पान करने पर वह विषदोष को दूर करता हैं। *(अग्निपुराण 1.182.22)*
9. सैंधव लवण और त्रिकटु के चूर्ण को दही, मधु तथा घी में मिलाकर लेप करने से यह बिच्छू के विष को दूर कर देता है। *(अग्निपुराण 1.182.24)*
10. कुसुम्भ (कुसुम), कुंकुम, हरिताल, मैनसिल, कंजा (करंज) और मन्दार वृक्ष की जड़ पीसकर पान करने से मनुष्यों में चढ़ा हुआ सर्प या बिच्छू का विष नष्ट हो जाता है। *(अग्निपुराण 1.191.15)*

9
वृश्चिक विष

डॉ. राजेन्द्र प्रसाद पूर्विया

बिच्छू का विष तीक्ष्ण होता है डसते ही सबसे पहले उस स्थान पर आग जैसी लग जाती है अथवा मानो उस स्थान पर जलता हुआ आग का कोयला रख दिया हो। अर्थात सबसे पहले दंश स्थान पर दाह होता है फिर उसके ऊपर की ओर लहर उठती है फिर कुछ समय के लिए दंशस्थान पर सिमट जाती है। काटते समय दंशस्थान में अत्यन्त पीड़ा होती है वह स्थान काला पड़ जाता है, वहाँ पर सुई चुभने के समान पीड़ा तथा फटने की सी पीड़ा होती है।

वृश्चिक की उत्पत्ति

त्रिविधा वृश्चिका: प्रोक्ता मन्दमध्यमहाविषा:
गोशकृत्कोथजा मन्दा मध्या: काष्ठेष्टिकोद्भवा:।
सर्पकोथोद्भवास्तीक्ष्णा ये चान्ये विषसंभवा: ।। *(सु.क. 8/56-57)*
ते गवादिशकृत्कोथादि्दष्टादिकोथत:।
सर्पकोथाच्च सम्भूता मन्दमध्यमहाविषा:।। *(अ.हृ.चि. 37/7)*

बिच्छू तीन प्रकार के कहे गये हैं – 1. मन्दविष 2. मध्यविष 3. महाविष

- **मन्दविष** – गाय के गोबर के सड़ने पर उत्पन्न होने वाले वृश्चिक मन्दविष वाले होते हैं।
- **मध्यविष** – लकड़ी और ईट के सड़ने से उत्पन्न होने वाले बिच्छू मध्यविष वाले होते हैं।
- **तीक्ष्णविष** – सर्प के शरीर के सड़ने से उत्पन्न वाले वाले बिच्छू तीक्ष्णविष वाले होते हैं।

वृश्चिक संख्या

मन्दा द्वादश मध्यास्तु त्रय: पञ्चदशोत्तमा:।
दश विंशतिमि़रित्येते संख्यया परिकीर्तिता: ।। *(सु.क. 8/56-57)*

बिच्छू तीस माने गये हैं। इनमें बारह मन्दविष वाले तीन मध्यविष वाले तथा पन्द्रह तीव्रविष वाले कहे गये हैं।

मन्दविष वाले बिच्छूओं के नाम व लक्षण

कृष्णः श्यावः कर्बुरः पाण्डुवर्णो गोमूत्राभः कर्कशो मेचकश्च।
पीतो धूम्रो रोमशः शाद्वलाभो रक्तः श्वेतेनोदरेणेतिः मन्दाः।।
युक्ताश्चैते वृश्चिकाः पुच्छदेशे स्युर्भूयोनिः पर्वभिश्चेतरेभ्य।।

(सु.क. 8/59-60)

12 प्रकार के बिच्छू उदर से श्वेत तथा मन्द विष वाले होते हैं। इनकी पूँछ पर दूसरे बिच्छूओं की अपेक्षा बहुपर्व होते हैं। इसकी पूँछ पर बहुत से जोड़ होते हैं। इनके नाम निम्न है –

(1) कृष्ण (2) श्याव (3) कर्बुर (4) पाण्डुवर्ण (5) गोमूत्राभ (6) कर्कश (7) मेचक (8) पीत (9) धूम्रवर्ण (10) रोमश (11) शाद्वलाभ (12) लाल

लक्षण

मन्दाः पीताः सिताः श्यावाः रूक्षाः कर्बुरमेचकाः।
रोमशा बहुपर्वाणो लोहिताः पाण्डुरोदराः।। *(अ.हृ.उ. 37/8)*

पीले, सफेद, श्याव, रूक्ष, चितकबरे, काले, रोमवाले, अनेक गांठ वाले, लालरंग के बिच्छू मन्दविष वाले होते हैं। इनके काटने पर वेदना, कम्पन्न, गात्रस्तम्भन, काले वर्ण का रक्तस्राव होता है। हाथ, पैर आदि में काटने पर वेदना ऊपर की ओर जाती है। दाह, स्वेद, दंश स्थान पर शोथ तथा ज्वर होता है।

मध्य विष वाले बिच्छूओं के नाम व लक्षण

रक्तः पीतः कापिलेनोदरेण सर्वे धूम्राः पर्वभिश्च त्रिभिः स्युः।।
एते मूत्रोच्चारपूत्यण्डजाता मध्या ज्ञेयास्त्रिप्रकारोरगाणाम्।
यस्यैतेषामन्वयाद्यः प्रसूतो दोषोत्पतिं तत्स्वरूपां स कुर्यात्।।

(सु.क.8/61-62)

धूम्रोदरास्त्रि पर्वाणो मध्यस्तु कपिलारुणाः।
पिशंगाः शबलाश्चित्राः शोणिताभा महाविषा।। *(अ.हृ.उ. 37/9)*

मध्यविष वाले बिच्छू तीन प्रकार के होते हैं। इनका उदर धूम्रवर्ण का होता है। इनकी पुँछ पर तीन पर्व होते हैं। यह कपिल, अरुण, पिंगल, चितकबरे और रक्तवर्ण

के होते हैं। दर्वीकर, मण्डलिन और राजिमान इन तीनों प्रकार सर्पों के मल एवं मूत्र के सड़ने से और उनके अण्डों से जो बिच्छू उत्पन्न होता है वह बिच्छू वैसे ही दोषों को उत्पन्न करता है। इनके नाम निम्न है- (1) लाल (2) पीत तथा (3) कपिलवर्ण के होते हैं।

इनके दंश से जिह्वा में शोथ, भोजन का अवरोध एवं तीव्र मूर्च्छा उत्पन्न होती है।

तीक्ष्ण विष वाले बिच्छूओं के नाम व लक्षण

श्वेताश्चित्रः श्यामलो लोहिताभो रक्तः श्वेतो रक्तनीलोदरौ च।
पीतोऽरक्तो नीलपीतोऽपरस्तु रक्तो नीलो नीलशुक्लस्तथा च।
रक्तो बभ्रुः पूर्ववच्चैकपर्वा यश्चापर्वा पर्वणी द्वे च यस्य ॥
नानारूपा, वर्णतश्चापि घोरा ज्ञेयाश्चैते वृश्चिकाः प्राणचौराः।
जन्मैतेषां सर्पकोथात् प्रदिष्टं देहेभ्यो वा घातितानां विषेण।।

(सुश्रुत कल्प 8/63-65)

... महाविषाः।
अग्न्याभा द्व्येकोपर्वाणो रक्तासितसितोदराः।। *(अ.हृ.उ. 37/10)*

तीक्ष्णविष वाले बिच्छू बारह प्रकार के होते हैं। ये अग्नि के समान आभा वाले पूँछ में एक या दो पर्वो वाले तथा उदर की ओर लाल, काले, सफेद रंग वाले होते हैं। दर्वीकर, मण्डलिन और राजिमान इन तीनों प्रकार सर्पों के मल एवं मूत्र के सड़ने से और उनके अण्डों से जो उत्पन्न होता है वह बिच्छू वैसे ही दोषों को उत्पन्न करता है। इनके नाम निम्न हैं-

(1) श्वेत (2) चित्रित (3) श्यामल (4) लोहिताभ (5) रक्तश्वेत (6) रक्तोदर (7) नीलोदर (8) पीलालाल (9) लालनीला (10) नीलाश्वेत (11) रक्त (12) बभ्रू

एक पर्व वाले, पूँछ पर पर्व रहित, दो पर्व वाले, विभिन्न प्रकार के वर्ण वाले भयानक बिच्छू प्राणहर होते हैं। इन बिच्छूओं के डसने से शरीर के अवयव जकड़ जाते हैं। ज्वर से पीड़ित हो जाता है, नासिका आदि छिद्रों से काले रंग का रक्त बहने लगता है। इस स्थिति में इन्द्रियों के विषयो का ज्ञान नहीं होता है, बार-बार पसीना तथा बेहोशी हो जाती है, मुख सूखने लगता है, रोगी पीड़ा से व्याकुल हो जाता है, मांस गलने लगता है। ऐसा रोगी प्रायः मर जाता है।

इन बिच्छूओं के काटने पर सर्पविष के वेगों की भाँति स्फोटों की उत्पत्ति, मानसिक भ्रान्ति, दाह, ज्वर आदि लक्षण उत्पन्न होते हैं। रोगी के मुख से कृष्णवर्ण का रक्त तेजी से स्रवित होता है। रोगी शीघ्र ही प्राण त्याग देता है।

सामान्य चिकित्सा

1. सर्पविष की भाँति वृश्चिकविष की चिकित्सा करनी चाहिए।
2. दंश स्थान के चारों ओर स्वेदन करना चाहिए।
3. दंश स्थान पर हरिद्रा, सैंधव लवण, त्रिकटु, शिरीष के फल और शिरीष के पुष्पों से बना चूर्ण छिड़कना चाहिए।
4. तुलसीपत्र और बिजौरा नीबू के पत्तों का लेप करना चाहिए।
5. गोबर की अग्नि से सुखोष्ण सेक करना चाहिए।
6. पीने के लिए घी एवं मधु का पान करना चाहिए।

मन्दविष

- कोल्हू से निकाला तिल तैल से परिषेक करना चाहिए।
- मोर का पंख, मूर्गे का पंख, सैंधव, तैल और घी से धूपन करना चाहिए।

स्थानीय उपचार

- तुलसी के पत्तों को बिजोरा नीबू के रस में या गोमूत्र में पीस कर लेप करना चाहिये।
- शहद, मिश्री और गाय का घी पिलाना चाहिये।
- फिटकरी को पानी में घिस कर गाढे लेप को दंशस्थान पर लगाना चाहिये और दंशस्थान का सेक करना चाहिये।
- फिटकरी को चिमटी से पकड़ कर आंच पर गर्म करे जब फिटकरी पिघलने लगे तब बिच्छू के काटे स्थान पर लगाये फिटकरी का टुकड़ा चिपक जायेगा तथा धीरे-धीरे फूल कर अलग हो जाय तब जहर का असर भी समाप्त हो जायेगा।
- इमली के बीज को पत्थर पर घिसे जिससे छिलका अलग हो जाये तथा छिलके रहित बीज को पानी में भिगोकर बिच्छू के काटे स्थान पर लगा दे। बीज फूल कर अलग हो जायेगा तथा रोगी को आराम आ जायेगा।

- **करंजार्जुनशेलूनां कटम्याः कुटजस्य च।**
  शिरीषस्य च पुष्पाणि मस्तुनां दंशलेपनम्।। *(अ.हृ. चि.37/36)*

  करंज, अर्जुन, लिसोड़ा, सफेद शिरीष, कुटज और शिरीष के पुष्पों को मस्तु (दही के उपर का पानी) के साथ पीस कर दंशस्थान पर लेप करना चाहिए।

- **नागपुरीषच्छत्रं रोहिषमूलं च शेलुतोयेन।**
  कुर्याद् गुटिकां लेपादियमलिविषनाशिनी।। *(अ.हृ.उ. 37/42)*

  हाथी के गोबर पर पैदा हुआ छत्रक तथा रोहिष की मूल इन दोनों में लिसोड़ा के स्वरस के साथ पीसकर गोली बनाकर इसका लेप करना चाहिए।

- **सशैवलोष्ट्रदंष्ट्रा च हन्ति वृश्चिकजं विषम।।** *(अ.हृ.उ. 37/42)*

  ऊँट की दाढ़ को शैवाल में घिसकर बिच्छू के दंशस्थान पर लेप लगाने से बिच्छू का विष नष्ट हो जाता है।

- हींग तथा हरताल को नीबू के रस में पीसकर गोली बनाकर लेप करना चाहिए और इसका अंजन के रूप में प्रयोग करना चाहिए।
- बिच्छू ने जिस स्थान पर डसा (दंश किया) हो उस स्थान पर चक्रतैल से सिंचन करना चाहिए।
- शालपर्णी के कल्क एवं क्वाथ द्वारा पकाये गये तैल अथवा सैंधव लवण और घी से बार बार सिंचन करना चाहिए।
- कांजी को गुनगुना करके सेचन करना चाहिए।
- कांजी में दूध तथा सैंधव मिलाकर सेचन करना चाहिए।
- **उपनाहो घी भृष्टः कल्कोऽजाज्याः ससैंधवः।**

  जीरा और सैंधव का कल्क बनाकर घी में भूनकर लेप करना चाहिए।

- दंशस्थान के आसपास चारों ओर गरम पानी से स्वेदन करके उस स्थान पर पच्छ लगाकर हलदी, सैंधव, सोंठ, मरिच, पिप्पली, शिरीष, के बीज तथा फूलों का चूर्ण बनाकर प्रतिसारण करना चाहिए।

10
संग्रहग्रन्थों में वृश्चिकदंश चिकित्सा

डॉ. राजेन्द्र प्रसाद पूर्विया

सामान्य चिकित्सा

- नौसादर और हरताल को मिलाकर दंश स्थान पर लेप करने पर वृश्चिकदंशजन्य पीड़ा तुरन्त ठीक हो जाती है। *(भै.र. 72/28)*
- तुलसी के पत्तों को पीसकर गोली बनाकर दंशस्थान पर फेर लेने पर विष उतरता है। गुग्गुलु से वृश्चिकदंश को धूपित करके या अर्क के पत्तों को पीसकर लेप करने से विष उतरता है। *(भै.र. 72/29)*
- सफेद जीरा तथा सैंधव लवण को जल के साथ पीसकर गरम करके लगाने से बिच्छू के दंश की पीड़ा दूर हो जाती है। *(भै.र. 72/30)*
- जीरा का कल्क, सैंधव, घी और शहद मिलाकर कुछ गरम करके लेप करने से बिच्छू को विष नष्ट होता है। *(योगरत्नाकर/विषचिकित्सा/पेज 473)*
- मयूरपिच्छ का धूमपान करने से भी वृश्चिकदंशजन्य पीड़ा का शमन होता है।
- हरताल 3 भाग और नवसादर 1 भाग इन दोनों को क्षीर में घोटकर वृश्चिकदंश पर लेप करने से पीड़ा का शमन हो जाता है। *(सिद्धभैषज्यमणिमाला/चतुर्थगुच्छ/विषचिकित्सा/1163)*
- पीला शंखिया, नवसादर और जमालघोटा इन तीनों को निम्बूस्वरस में घोटकर गोली बनाकर आवश्यकतानुसार जल में घिसकर बिच्छू के दंश स्थान पर लगाते है तो पीड़ा का शमन होता है।
- निर्मली के बीज को जल में घिसकर शूक, कीट एवं बिच्छू के काटे हुए स्थान पर चिपका देवें तो विष आचूषित होकर पीड़ा का शमन होता है। *(सिद्धभैषज्यमणिमाला/चतुर्थगुच्छ/विषचिकित्सा/1165)*
- शंखिया को नींबू स्वरस के साथ पीसकर लेप करने से बिच्छू से उत्पन्न विष नष्ट हो जाता है।

- भ्रमर, मधुमक्खी अथवा बिच्छू के काटने पर कोई तत्काल उपाय सुलभ नहीं होने पर नासा निर्यास (नाक का मल) को दंश स्थान पर मसलने से वेदना की शान्ति होती है। *(सिद्धभैषज्यमणिमाला/चतुर्थगुच्छ/विषचिकित्सा/1172)*
- जमालघोटे को जल के साथ पीसकर या नौसादर और हरताल को पानी के साथ या पलासक्षार या अर्कक्षीर या बकरी के दूध के साथ पीसकर वृश्चिकदंश पर लगाना चाहिए। *(अमृतसागर)*
- **ॐ आदित्यरथवेगेन विष्णुर्बाहुबलेन च। सुपर्णपक्षपातेन भूम्यां गच्छ महाविष ।।**
  कोपक्षयोगपदाज्ञाश्रीशिवोत्तमप्रभुपदाज्ञा भूम्यां गच्छ महाविष ।।

  इस मन्त्र का 21 बार डंकस्थान पर झाड़ा देने से वृश्चिकविष उतर जाता है। *(अमृतसागर)*
- **ओं क्ष: फट् स्वाहा। (1)**
- **आदित्यरथवेगेन विष्णुबाणबलेन च। गरुडपक्षनिपातेन भूम्यां गच्छ महाविष ।। (2)**

इन दोनों में से किसी एक मंत्र से अभिमंत्रित जल छिड़कने से बिच्छू का बिष नष्ट होता है। *(योगरत्नाकर/विषचिकित्सा/पेज 474)*

11
वृश्चिकदंश में प्रयुक्त होने वाली प्रमुख एकल औषध और उनके चित्र

डॉ. राजेन्द्र प्रसाद पूर्विया

1. कासमर्द

संस्कृत नाम	–	कासमर्द
हिन्दी नाम	–	कसौंदी
लैटिन नाम	–	*Cassia occidentalis*
स्थानीय नाम	–	कसौंदी
प्राप्तिस्थान	–	यह भारत में सर्वत्र उत्पन्न होता है।
स्वरूप	–	इसका वर्षायु 2 से 3 फीट ऊँचा क्षुप होता है।
उत्पत्तिस्थान	–	यह भारत में सर्वत्र उत्पन्न होती है।
प्रयोज्यांग	–	पत्र और मूल
अनुपान/सहपान	–	जल
कल्पना	–	चूर्ण, स्वरस और कल्क (चटनी)
औषधसंग्रहण का समय	–	इसके पत्तों का संग्रह शरट्टतु या बसन्त ऋतु में करना चाहिए।
कृषिकरण	–	इसकी खेती के लिए वर्षा और शरट्टतु में इसके बीज उगाये जाते हैं।

कासमर्द (*Cassia occidentalis*)

गुणकर्म

यः कासमर्दपत्रं वदने निक्षिप्य कर्णफूत्कारम्।
मनुजो ददाति शीघ्रं जयति हि विषमाशु वृश्चिकानां सः।।

कासमर्द के पत्तों को अथवा मूल को चबाकर वृश्चिकदंश से पीड़ित रोगी के कान में फूंक मारने पर वृश्चिकदंश शीघ्र ही नष्ट होता है।

(योगरत्नारविषचिकित्सा/पेज नम्बर 473)

2. मातुलुंग

संस्कृत नाम – मातुलंग
हिन्दी नाम – बिजौरा नींबू
लैटिन नाम – *Citrus medica*
स्थानीय नाम – बीजपूर, बिजौरा
प्राप्तिस्थान – भारत में उष्ण प्रदेश में उगाये जा सकते है।
स्वरूप – इसका झाड़ीनुमा क्षुप अथवा गुल्म होता है।
प्रयोज्यांग – मूल, फल
अनुपान/सहपान – जल
कल्पना – स्वरस और चूर्ण
औषधसंग्रहण का समय – ग्रीष्म ऋतु और वर्षा ऋतु
कृषिकरण – इसकी खेती करने के लिए ऊतक संवर्धन, कलम द्वारा रोपण किया जाता है।

बिजौरा नीबू *(Citrus medica)*

गुणकर्म

मातुलुंग मूलं तु रविवारे समुद्धरेत।
उत्तराभिमुखेनैव ह्रीं मन्त्रोच्चारणात् स्पृशेत।।
वामांगे दक्षिणे दष्टे वामदष्टे च दक्षिणे।
सप्तधा मार्जनेनैव विषं वृश्चिकजं हरेत्।। *(योग. पेज नं.473)*

बिजौरा नीबू के मूल को रविवार को उखाड़कर उत्तर दिशा में मुख करके वृश्चिकदंश वाले मनुष्य को ऊँ ह्रीं इस मन्त्र का उच्चारण करता हुआ स्पर्श करे। यदि दांहिने अंग में बिच्छू ने मारा हो तो बाम अंग का स्पर्श करे और बाम अंग में बिच्छू ने मारा हो तो दाहिने अंग का स्पर्श करे। इस प्रकार सात बार स्पर्श करने से ही बिच्छू का विष नष्ट हो जाता है।

3. जयपाल

संस्कृत नाम – द्रवन्ती
हिन्दी नाम – जयपाल
लैटिन नाम – *Croton tiglium*
स्थानीय नाम – जमालघोटा
प्राप्तिस्थान – आसाम, बंगाल, बिहार, हिमालय का पूर्वीभाग में अधिक उत्पन्न होता है।
स्वरूप – इसका बहुवर्षायु वृक्षक (छोटावृक्ष) होता है।
प्रयोज्यांग – बीज
अनुपान/सहपान – जल
कल्पना – चूर्ण अथवा कल्क
औषधसंग्रहण का समय – फल के पक जाने पर संग्रहित करते हैं।
कृषिकरण – इसकी खेती करने के लिए इसके बीज वर्षा ऋतु में उगाये जाते हैं।

पानीयपिष्टजेपालकल्कलेपेन सर्वथा।
विषं वश्चिकविद्धस्य भस्मीभवति तत्क्षणात्।।

(योगरत्नाकर/विषचिकित्सा/पेज 474)

जमाल गोटे के बीज को जल के साथ पीसकर कल्क बनाकर लेप करने से बिच्छू के डंस का विष उसी समय नष्ट हो जाता है।

जयपाल ***(Croton tiglium)***

4. हंसपदी

संस्कृत नाम – हंसपदी

हिन्दी नाम – हंसराज

लैटिन नाम – *Adiantum lunulatum*

स्थानीय नाम – हंसराज

प्राप्तिस्थान – जलीय प्रदेशों में सर्वत्र उत्पन्न होती है।

स्वरूप – इसका छोटा क्षुप होता है।

प्रयोज्यांग – पंचांग

अनुपान/सहपान – जल

कल्पना – चूर्ण

औषधसंग्रहण का समय – शरदृतु

हंसराज पंचांग *(Adiantum lunulatum)*

गुणकर्म

> **ग्राह्य हंसपदीमूलं प्रातरादित्यवासरे।**
> **मुखैस्तन्निष्कृतिः कर्णे विषं वृश्चिकजं हरेत।।**

(योगरत्नाकर/विषचिकित्सा/पेज 474)

रविवार को प्रात:काल हंसपदी के मूल को लेकर मुख में चबाकर उसके रस को बिच्छू के दंशित मनुष्य के कान में ड़ालने से बिच्छू का विष नष्ट होता है।

हंसराजमूल *(Adiantum lunulatum* root*)*

5. सूर्यभक्ता/सूरजमुखी

संस्कृत नाम – सूर्यभक्ता
हिन्दी नाम – सूरजमुखी
लैटिन नाम – *Helianthus annuus*
स्थानीय नाम – सूरजमुखी
प्राप्तिस्थान – भारत में सर्वत्र इसकी खेती की जाती है।
स्वरूप – इसका 4–5 फीट ऊँचा क्षुप होता है।
प्रयोज्यांग – पत्र
अनुपान/सहपान – जल
कल्पना – कल्क
औषध संग्रहण का समय – शरद्दतु एवं बसन्त ऋतु

कृषिकरण – इसकी खेती करने के लिए इसके बीज वर्षा ऋतु और शरद्दतु में इसके बीज उगाये जाते हैं।

सूरजमुखी *(Helianthus annuus)*

गुणकर्म

गन्धमाघ्राय मृदितं सूर्यावर्तदलस्य तु।
वृश्चिकेन नरो विद्धः क्षणाद्भवति निर्विषः ।।

सूर्यावर्त (सूरजमुखी) के पत्तों का मर्दन कर उसकी गन्ध को सूंघने से बिच्छू के डंक से पीड़ित मनुष्य क्षणभर में निर्विष हो जाता है।

(योगरत्नाकर/विषचिकित्सा/पेज 473)

6. कार्पास

संस्कृत नाम – कार्पास
हिन्दी नाम – कपास
लैटिन नाम – *Gossypium herbeceum*
स्थानीय नाम – रूई, कपास
प्राप्तिस्थान – राजस्थान, गुजरात, मध्यप्रदेश, उत्तरप्रदेश, बंगाल, बिहार आदि प्रदेशों में इसकी खेती की जाती है।
स्वरूप – वर्षायु अथवा बहुवर्षायु क्षुप होता है।
प्रयोज्यांग – फल, पत्र
अनुपान/सहपान – घृत
कल्पना – चूर्ण, कल्क

औषध संग्रहण का समय – शरद्दतु और बसन्तऋतु
कृषिकरण – इसके बीज वर्षाऋतु में उगाये जाते हैं।

कपास ***(Gossypium herbeceum)***

गुणकर्म

कार्पासस्य फलैः सम्यग् लेपितः श्लक्ष्णपेषितैः।
दंशस्य वृश्चिकदष्टस्य शमार्थं घृतमिश्रितैः।। *(ग.नि. 7/5/2)*

कपास के फल का बारीक कल्क बनाकर इसमें घी मिलाकर लेप करना चाहिए।

कार्पासपत्रैः संपिष्टराज्यलेपो विषापहा।
वृश्चिकस्याथ वा वत्सनाभलेपः प्रशस्यते।।
(योगरत्नाकर/विषचिकित्सा/पेज 473)

कपास के पत्तों को घी के साथ पीसकर लेप करने से बिच्छू का विष नष्ट होता है अथवा वत्सनाभ को जल के साथ पीसकर लेप करने से बिच्छू के विष में लाभ होता है।

7. अश्वत्थ

संस्कृत नाम	–	अश्वत्थ
हिन्दी नाम	–	पीपल
लैटिन नाम	–	*Ficus religiosa*
स्थानीय नाम	–	पीपल
प्राप्तिस्थान	–	भारत में सर्वत्र उत्पन्न होता है।
स्वरूप	–	इसका 40–70 फीट ऊँचा वृक्ष होता है।
प्रयोज्यांग	–	मूल
अनुपान/सहपान	–	जल
कल्पना	–	चूर्ण
औषध संग्रहण का समय	–	ग्रीष्म ऋतु और वर्षा ऋतु
कृषिकरण	–	इसके बीज वर्षा ऋतु में स्वत: उगते हैं।

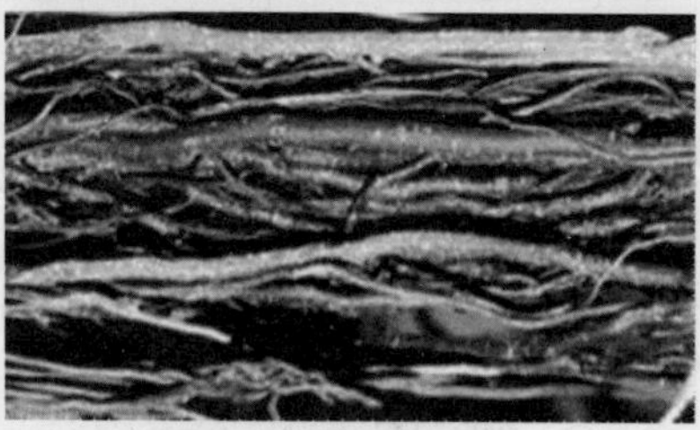

अश्वत्थ (*Ficus religiosa*)

गुणकर्म

पीपल (अश्वत्थ) की मूल की छाल का यवकूट चूर्ण हुक्के में जलाकर उसका धूमपान करे। इससे बिच्छू के दंश से पीड़ित व्यक्ति को वमन होकर पीड़ा का शमन होगा। *(सिद्धभैषज्यमणिमाला/चतुर्थगुच्छ/विषचिकित्सा/160)*

8. पलाश

संस्कृत नाम	– पलास, किंशुक
हिन्दी नाम	– ढाक
लैटिन नाम	– *Butea frondosa*
स्थानीय नाम	– खाखर
प्राप्तिस्थान	– भारत में प्राय: सर्वत्र उत्पन्न होता है।
स्वरूप	– इसका बहुवर्षायु 25–30 फीट ऊँचा वृक्ष होता है।
प्रयोज्यांग	– बीज
अनुपान/सहपान	– जल
कल्पना	– चूर्ण
औषध संग्रहण का समय	– बसन्त ऋतु के अन्त में ।
कृषिकरण	– इसके बीज वर्षा ऋतु में उगाये जाते हैं।

पलासपुष्प *(Butea frondosa)*

गुणकर्म

पलाशबीजं शूलघ्नो लेपोऽर्कक्षीरभावितम्। *(अ.सं.उ. 43/70)*

पलास के बीजों का चूर्ण बनाकर इसके अर्कक्षीर की भावना देकर वृश्चिकदंश स्थान पर लेप करना चाहिए।

पलासबीज *(Butea frondosa* seed*)*

9. पिप्पली

संस्कृत नाम	–	पिप्पली
हिन्दी नाम	–	पीपर, पीपल
लैटिन नाम	–	*Piper longum*
स्थानीय नाम	–	लेण्डी पीपर, छोटी पीपर
प्राप्तिस्थान	–	भारत में जलीय प्रदेशों में इसकी खेती की जाती है।
स्वरूप	–	इसका बहुवर्षायु प्रसरीय लता होती है।
प्रयोज्यांग	–	फल
अनुपान/सहपान	–	दूध
कल्पना	–	चूर्ण, क्षीरकल्पना
औषध संग्रहण का समय	–	शरदृतु
कृषिकरण	–	इसकी खेती करने के लिए इसकी कलम लगायी जाती है।

पिप्पली *(Piper longum)*

गुणकर्म

अजाक्षीरेण संपिष्टा शिरीषफलमिश्रिता ।
उपकुल्या विषं हन्ति वृश्चिकस्य प्रलेपतः ।।

(योगरत्नाकर/विषचिकित्सा/पेज 47)

शिरीषफल और पिप्पली समभाग लेकर बकरी के दूध में पीसकर लेप करने से बिच्छू का विष नष्ट होता है।

10. जीरक

संस्कृत नाम	–	जीरक
हिन्दी नाम	–	सफेद जीरा
लैटिन नाम	–	*Cuminum cyminum*
स्थानीय नाम	–	जीरा
प्राप्तिस्थान	–	राजस्थान, बंगाल, बिहार, आसाम, पंजाब आदि उष्ण प्रदेशों में इसकी खेती की जाती है।
स्वरूप	–	इसका वर्षायु 1/2 से 1 फीट तक क्षुप होता है।
प्रयोज्यांग	–	फल
अनुपान/सहपान	–	जल
कल्पना	–	चूर्ण या कल्क
औषध संग्रहण का समय	–	बसन्त ऋतु
कृषिकरण	–	खेती करने के लिए इसके बीज शरद्दतु में उगाये जाते हैं।

जीरकपंचांग (*Cuminum cyminum*) एवं जीरक

गुणकर्म

जीरकस्य कृतः कल्को घृतसैन्धवसंयुक्तः।
सुखोष्णो वृश्चिकार्त्तानां सुखलेपो व्यथापहा।। ***(चक्रदत्त 65/23)***

अर्थात् जीरक का घी और सैन्धव से किया गया कल्क वृश्चिक के विष से पीड़ित व्यक्तियों के दंशस्थान पर गुनगुना करके लेप करने से शीघ्र ही पीड़ा का नाश करने वाला होता है।

11. शकरकन्द

संस्कृत नाम – शकरकन्द
हिन्दी नाम – शकरकन्द
लैटिन नाम – *Ipomoea batatus*
स्थानीय नाम – शकरकन्द
प्राप्तिस्थान – यह भारत में सर्वत्र उत्पन्न होती है।
स्वरूप – इसकी बहुवर्षायु लता होती है।
प्रयोज्यांग – कन्द
अनुपान/सहपान – जल
कल्पना – कल्क
औषध संग्रहण का समय – शरदृतु
कृषिकरण – इसका तने का रोपण करते है।

शकरकन्द (*Ipomoea batatus*)

प्रयोग –

कड़वी शकरकन्द को छाया में शुष्क कर लेवें, इसको जल में घिसकर बिच्छू के दंशस्थान पर लेप करने से पीड़ा का शमन हो जाता है।

(सिद्धभैषज्यमणिमाला/चतुर्थगुच्छ/विषचिकित्सा/1166)

बिच्छू के द्वारा बांये अंग को काटने पर दांहिने कान में दाहिने अंग में काटने पर बाम अंग के कान में नमक घुले हुए कुछ बिन्दू भर देते है तो पीड़ा का शमन हो जाता है। *(सिद्धभैषज्यमणिमाला/चतुर्थगुच्छ/विषचिकित्सा/1167)*

12

वृश्चिकविष की अनुभूत और परम्परागत चिकित्सा

जवरदान कविया, वैद्य कृष्णगोपाल शर्मा

वृश्चिकदंशनिवारण अनुभूत पारम्परिकयोग–

- सममात्रा में अगर, तगर, सौंठ को पीस करके को बिच्छू काटने पर जल के साथ मिलाकर डंक के स्थान पर लगाने से जहर कम हो जायेगा।

  ज्ञानप्राप्ति– कर्पूर चन्द्र जी, उदयपुरस्थित रामदेवजी के देवरा पर पूज्य रेबारी बाबा।

- पूजा में काम आने वाले कपूर के चूर्ण को शुद्ध नारियलतैल में मिलाकर मरहम बना लें। बिच्छू के काटने पर डंक की जगह उक्त मरहम का प्रयोग शीघ्रता से राहत देता है।

  ज्ञानप्राप्ति– कर्पूर चन्द्र जी, उदयपुरस्थित रामदेवजी के देवरा पर पूज्य रेबारी बाबा।

- छोटी बकरी (बच्चा होने से पहले) का मूत्र तथा तूम्बे के बेल की जड़ (इन्द्रयणमूल) के रस के का समभाग में मिश्रण को डंक के स्थान पर लगाने से जहर कम हो जायेगा। यह योग पूर्व में संचित करके भी रखा जा सकता है। तूम्बे के बेल रेगिस्तान में आसानी से उपलब्ध हो जाती है। इस मिश्रण बनाकर अग्रिम रखना चाहिए आवश्यकता होने पर काम में लेना चाहिए।

इन्द्रायण (तुम्बा)

ज्ञानप्राप्ति – श्री माधोदान जी पुत्र श्री शम्भुदानजी, ग्राम बिराई, तहसील बालेसर, जिला जोधपुर (राजस्थान)।

- बिच्छू काटने से पूर्व कभी भी पुनर्नवा (*Boerhaa diffusa*) की जड़ को पुष्य नक्षत्र में उखाड़ कर उसका रस हाथ पर मसलना चाहिए। बिच्छू के काटने पर दंशस्थान पर हाथ फेरने पर बिच्छू का विष उतर जाता है।
- पुनर्नवा (*Boheravia diffusa*) की जड़ को पुष्य नक्षत्र में उखाड़ कर दंश स्थान पर लगाना चाहिए। बिच्छू के काटने पर जहर को निष्प्रभावी कर देता है। इसे पीया भी जाता है जहाँ यह बेल होती है वहॉ बिच्छू नहीं निकलते।

ज्ञानप्राप्ति – प्रजापति जी, पालनपुर, गुजरात, माउण्ट आबू की तलहटी का आदिवासी क्षेत्र।

श्वेतपुनर्नवा

- बी. सी. हासाराम एण्ड संस हरिद्वार द्वारा निर्मित मरहम का प्रयोग बिच्छू के जहर को निष्प्रभावी कर देता है।
- बिच्छू के काटने पर 1 छोटे चम्मच अमृतधारा (कर्पूर, पोदीना सत्त्व और अजवायन सत्त्व) जल में मिलाकर पीड़ित को पिलाने पर आराम होता है।

(वैद्य – कृष्णगोपाल शर्मा)

ज्ञानप्राप्ति – महन्त श्री श्री श्री 1008 सन्तोप दास जी, तेखलाधाम, तहसील बालेसर, जोधपुर

- साफ पत्थर पर फिटकरी को घिसकर दंश वाले स्थान पर लेप करके आग से सेकने पर जहर निष्प्रभावी हो जाता है। *(वैद्य – कृष्णगोपाल शर्मा)*

- फिटकरी को चिमटी से पकड़ कर आंच पर गर्म करे जब फिटकरी पिघलने लगे तब बिच्छू के काटे स्थान पर लगाये। फिटकरी का टूकड़ा चिपक जायेगा तथा धीरे–धीरे फूल कर अलग हो जायेगा दर्द ठीक हो जायेगा और जहर का असर भी समाप्त हो जायेगा। *(वैद्य – कृष्णगोपाल शर्मा)*
- बारीक पीसे सैन्धवनमक को प्याज से उठाकर दंशस्थान पर मलने से जहर निष्प्रभावी हो जाता है। *(वैद्य – कृष्णगोपाल शर्मा)*
- दंशस्थान पर चूने का प्रयोग जहर को निष्प्रभावी कर देता है। *(वैद्य – कृष्णगोपाल शर्मा)*
- दंशस्थान पर दियासलाई के रोगन का प्रयोग भी जहर को निष्प्रभावी कर देता है। *(वैद्य – कृष्णगोपाल शर्मा)*
- डंकस्थान से चार अंगुल ऊपर रस्सी या सूतली से कसकर बांध दे तथा चिमटे को गर्म करकर डंक को निकाल ले। *(वैद्य – कृष्णगोपाल शर्मा)*
- डंकस्थान पर चिकनी मिट्टी की पट्टी का प्रयोग राहत देता है। *(वैद्य–कृष्णगोपाल शर्मा)*
- बिच्छू के दंशस्थान को थोड़ा सा काटकर अथवा छोटा सा चीरा लगाकर अर्क का दूध लगाना चाहिए। *(वैद्य– कृष्णगोपाल शर्मा)*
- बिच्छू के दंशस्थान को थोड़ा सा काटकर अपामार्ग (चिचड़ा) के मूल को लगाना चाहिए। *(वैद्य – कृष्णगोपाल शर्मा)*
- बिच्छू के दंशस्थान पर अपामार्ग के पत्तों का रस लगाने से बिच्छू का जहर उतर जाता है। *(वैद्य – कृष्णगोपाल शर्मा)*
- बिच्छू के द्वारा दंश करने पर अपामार्ग की मूल को घिसकर लेप करना चाहिए साथ ही मूल अथवा पंचांग का क्वाथ बनाकर पान करना चाहिए। *(स्व. रामनिवास पूर्विया)*
- अर्क (मदार) के पीले पत्तों का धूमपान करने से बिच्छू का विष उतर जाता है। *(स्व. रामनिवास पूर्विया)*
- दंशस्थान पर अर्क का क्षीर लगाने से बिच्छू का जहर उतर जाता है। *(स्व. रामनिवास पूर्विया)*

व्यक्तव्य– वस्तुतः बिच्छू का जहर अम्लीय प्रकृति का होता है। इसलिए इसमें क्षारीय द्रव्य यथा अर्कक्षीर, अर्कमूल–क्षार, पलासक्षार, पुनर्नवामूलक्षार,

मधुरक्षार (मीठा सोडा), अपामार्गमूल- क्षार , सज्झिक्षार, इमली बीज- क्षार, तिलक्षार आदि द्रव्यों का स्थानीय द्रव्यों का प्रयोग करने पर लाभ होता है।

(डॉ. राजेन्द्र प्रसाद पूर्विया)

इस प्रकार ये अनेक अनुभूतप्रयोग है जो सर्पविष के लिये गाँवों में प्रयोग किये जाते हैं इन्हें हम सर्पविष की प्राथमिक चिकित्सा के रूप में प्रयोग कर जीवन की डोर थाम सकते हैं। बात श्रद्धा और विश्वास की है और उसे मानने की है। इस दुनिया में कुछ भी असम्भव नहीं है।

नोट- सर्पदंश के रोगी को यथा-सम्भव आधुनिक चिकित्सालय में ले जाकर चिकित्सा एण्टी वेनम (Anti venum) लगवाना चाहिए। पुस्तक में लिखे गये योग व प्रयोग शास्त्र सम्मत के साथ साथ परम्परागत चिकित्सा एवं अनुभव पर आधारित है एवं उचित एवं शुद्ध द्रव्यों का प्रयोग लाभ की प्राप्ति सम्भव है। उक्त द्रव्यों का प्रयोग करने में त्रुटि होने पर किसी भी रोगी को लाभ नहीं मिलता है तो लेखक की किसी भी प्रकार की जिम्मेदारी नहीं है।

भाग–3

अवशिष्ट विषचिकित्सा

विविध कीटों के विष की चिकित्सा

कीटो की उत्पत्ति–

आयुर्वेदीय संहिताग्रंथों में उल्लेख प्राप्त होता है कि सांपों के मल, मूत्र, अण्डे, शव आदि के सड़ने से कीट उत्पन्न होते हैं।

> **''सर्पाणां शुक्रविण्मूत्रशवपूत्यण्डसंभवाः।**
> **वाय्वग्न्यम्बुप्रकृतयः कीटास्तु विविधाः स्मृताः।।** *(सु.क. 8/3)*
> **सर्वदोषप्रकृतिमिर्त्युक्तास्ते परिणामतः।**
> **कीटत्वेऽपि सुघोराः स्युः सर्व एवं चतुर्विधाः।।** *(सु.क. 8/4)*
> **''सर्पाणामेव विण्मूत्रात् कीटाः स्युः कीटसंमताः।**
> **दूषीविषाः प्राणहरा इति संक्षेपतो मताः।।** *(च.चि. 23/140)*

चरक के अनुसार सांपों के ही मल एवं मूत्र से जिन छोटे जीवों की उत्पत्ति होती है, उन्हें यहाँ कीट शब्द से कहा गया है। ये कीट दो प्रकार के होते हैं। (1) दूषीविष कीट, (2) प्राणहर कीट। दूर्षाविष कीट से तात्पर्य यह है कि ऐसे कीट जिनके काटने से प्राणी में उसके विष का प्रभाव थोड़ी देर बाद या लम्बे समय तक बना रहता है। प्राणहर कीट वह कहलाते हैं जो शीघ्र ही प्राण का हरण कर लेते हैं।

दूषीविष कीट के काटने का लक्षण – दूषीविष वाला कीट शरीर में जिस स्थान पर काटता है, वह स्थान लाल, श्वेत, कृष्ण या श्याम वर्ण का हो जाता है। उस काटे हुए स्थान पर फुन्सिया निकल आती है। खुजली, जलन, विसर्प, पाक होता है तथा वह स्थान सड़ने लगता है।

प्राणहर कीट के काटने का लक्षण – प्राणहर कीट के काटने पर साँप के काटने के समान लक्षण उत्पन्न होते हैं, सूजन होती है, उस स्थान के रक्त से दुर्गन्ध आती है। आँखों में भारीपन, मूर्च्छा, शरीर में वेदना और श्वास लेने में रोगी अधिक कष्ट पाता है। प्यास की अधिकता एवं अरुचि होती है।

विषाक्त कीट कणभ (भौरा) – यदि कणभ काट ले तो व्यक्ति में निम्न लक्षण होते हैं।

"विसर्पः श्वयथुः शूलं ज्वरछर्दिरथापि च।
लक्षणं कणभैर्दष्टे दंशश्चैव विशीर्यते *(च.चि. 23/152)*

अर्थात् भँवरे के काटने पर विसर्प, शोथ (सूजन) शूल (पीड़ा) ज्वर और वमन होता है तथा दंश स्थान से मांस कट कट कर गिर जाता है। आचार्य सुश्रुत ने चार प्रकार के कणभ (भौरा) एवं उनके दंश के लक्षणों को बताया है। इनके दंश के कारण तीव्र वेदना तथा काटने के स्थान पर सूजन होती है व दंशस्थान का वर्ण काला हो जाता है।

गोहरा (विष–खोपरा) के काटने के लक्षण – इनके काटने से सूजन होती है। दाह तथा पीड़ा होत है। विष–खोपरा आकृति में गिरगिट की भाँति होते हैं। जो गिरगिट दूषी विषयुक्त होते हैं। उनके काटने पर विषाक्त लक्षण उत्पन्न होते हैं। ये प्राणहर भी होते है, काटने पर व्यक्ति की मृत्यु जल्दी हो जाती है, चिकित्सा करने का अवसर प्राप्त नहीं होता ऐसी स्थिति में जिस व्यक्ति को विष खोपरा काटे तो तुरन्त शीतल जल की अविरल धार शिर पर पटकनी चाहिए।

गल–गोलिका के प्रकार एवं उसके काटने के लक्षण – गल–गोलिका (छिपकली) छः प्रकार की बताई गयी है, श्वेता, कृष्णा, रक्तरुणी, रक्तमंडला सर्वश्वेता तथा सर्षपिका, इनके काटने पर सर्षपिता के अतिरिक्त सभी में जलन, सूजन और क्लेद होता है। सर्षपिका नामक छिपकली के काटने पर हृदय में पीड़ा तथा अतिसार होता है। उपर्युक्त सभी छिपकलियों में सर्षपिका का विष प्राण हर होता है अर्थात् घातक होता है।

चरक ने छिपकली के काटने पर निम्न लक्षण उल्लेखित किये हैं।

"दाहतोदस्वेदशोथकरी तु गृहगोधिका। *(च.चि. 23/155)*

जिस व्यक्ति को छिपकली काटती है तो उसके काटे हुए स्थान पर जलन, तोद, स्वेद तथा शोध होता है और रोगी के शरीर में पसीना अधिक आता है।

गोचर (शतपदी, कनखजूरा) – सुश्रुतसंहिता में आठ प्रकार के गोचर एवं उनके काटने के लक्षणों का वर्णन प्राप्त होता है। कनखजूरा के काटने पर शोफ, वेदना तथा हृदय में दाह होता है। विषाक्त कनखजूरा (शतपदी) के काटने पर व्यक्ति बेहोश हो जाता है। श्वेत वर्ण की पिड़िकाएँ अर्थात् फुन्सियाँ होती है।

चरक ने भी शतपदी (कनखजूरा) के काटने के लक्षण निम्न प्रकार किए हैं–

"दंशे स्वेदं रूजं दाहं कुर्याच्छतपदी विषम् **(च.चि. 23/155)**

अर्थात् शतपदी द्वारा काटे जाने पर दंशस्थान पर स्वेद, वेदना, दाह आदि लक्षण होते हैं।

विविध कीटविषों की चिकित्सा

''स्वेदमालेपनं सेकं चोष्णमत्रावचारयेत्।
अन्यत्र मूर्च्छिताद् दंशात् पाककोथप्रपीडितात्
विषघ्नं च विधिं सर्वं बहुश: शोधिनानि च। *(सु.क. 8/43)*
''क्षीरीवृक्षत्वगालेप: शुद्धे कीटविषापह:।
मुक्तालेपो वर: शोथदाहतोदज्वरापह:।। *(च.चि. 23/199)*

दंश स्थान को साफ करने के उपरान्त सभी प्रकार के कीटों के दंशस्थान पर क्षीरीवृक्ष (वट, पीपल, पाकड, गूलर और पारसपीपल) की त्वचा (छाल) को पीस कर लेप लगाना चाहिए इससे विष का प्रभाव दूर हो जाता है। इसी प्रकार मोती को पीस कर लेप करने से सूजन, जलन और सूई चुभने जैसी पीड़ा शांत हो जाती है। आचार्य सुश्रुत व टीकाकर डल्हण ने भी कीट विषचिकित्सा के अर्न्तगत स्वेदन, आलेपन तथा सेक आदि उपचारों को उष्ण अवस्था में ही लेप के रूप में बताया हैं। उग्र विष वाले कीटों के उपचार के क्रम में सर्पविष की भाँति चिकित्सा करने का निर्देश दिया है। तात्पर्य यह है कि दर्वीकर, मण्डली व राजिमान सर्प के काटने पर उनके लक्षणानुसार अगदों का प्रयोग किया जा सकता है।

गलगोलिका (छिपकली) के विष की चिकित्सा – छिपकली प्राय: काटती नहीं है परन्तु यदि वह आहार में गिर जाये तो किन्हीं में शरीर पर चकते, सूजन, खुजली, जलन आदि प्रभाव देखे जाते हैं ऐसी अवस्था में निम्न उपचार करने चाहिए–

''कपित्थमक्षिपीड़ोऽर्कबीजं त्रिकटुकं तथा।
करञ्जो द्वे हरिद्रे च गृहगोधाविषं जयेत्।। *(च.चि. 23/216)*

कपित्थ, अक्षीव (श्वेत, पीत सहजन) अर्क मदार के बीज, सोंठ, मरिच, पिप्पली, करञ्ज, हल्दी, दारू हल्दी, इन्हें समान मात्रा में लेकर जल में पीसकर काटे हुए स्थान पर लेप करने से छिपकली का जहर नष्ट हो जाता हैं।

''रजन्यागारधूमश्च वक्रं कुष्ठं पलाशजम्।
गलगोलिकदष्टानाम् अगदो विषनाशनम्।। *(सु.क. 8/48)*

छिपकली के विष में रजन्यादि अगद – हरिद्रा (हल्दी) ग्रहधूम, तगर कुष्ठ पलास बीज इनके द्वारा निर्मित अगद छिपकली के जहर को दूर करता है।

शतपदी (कनखजूरा) के विष की चिकित्सा –

"कुङ्कुमं तगरं शिग्रु पद्मकं रजनीद्वयं।
अगदो जलपिष्टोऽयं शतपद्विषनाशनः ।। *(सु.क. 8/49)*

शतपदी (कनखजूरा) विष में कुड्कुमांदि अगद–केशर, तगर, सहजन, पद्म–काष्ठ, हल्दी, दारुहल्दी आदि को जल में पीस कर लेप बनायें एवं इसे शतपदी (कनखजूरा) के काटे हुए स्थान पर लगाना चाहिये, यह अगद शतपदी के विष को नष्ट करता है।

झिंगुर काटने के लक्षण एवं चिकित्सा–

यदि झिंगुर मनुष्य को काट ले तो उसे रोमाञ्च होता है, मूत्रेन्द्रिय जकड़ जाती है, शरीर में वेदना अधिक होती है। तथा वह व्यक्ति ऐसा अनुभव करता है जैसे– शरीर के ऊपर शीतल जल का परिसेचन किया हो। झिंगुर के काटने पर जो चिकित्सा बिच्छू के काटने पर बताई गई है वह चिकित्सा करनी चाहिए। विशेष रूप से गरम जल में धूल को सान कर प्रतिलोम अर्थात् बालों के विपरीत दिशा में लेप करना चाहिए और गरम गरम गाढ़ी धूल को रखकर कपड़े से बांध देना चाहिये।

पिपीलिका (चींटी) मलिका, मशक विषंचिकित्सा –

सामान्यतः घरों में पाई जानी वाली लाल, काली चींटिया व मक्खियाँ विषाक्त नहीं होती किन्तु जंगल, पहाड़ व रेगिस्तान में पायी जाने वाली विषाक्त होती हैं। इनके काटने पर पीड़ा होती है, लाल चकत्ते हो जाते हैं, जलन होती है। इनकी चिकित्सा के लिए सुश्रुत अनुसार

"पिपीलिकाभिर्दष्टानां मक्षिकामशकैस्तथा।
गोमूत्रेण युतो लेपः कृष्णवल्मीकमृत्तिका ।। (सु.क. 8/55)

चींटी तथा मक्खी व मच्छर के काटने पर बम्बी (वल्मीक) की काली मिट्टी को गोमूत्र में मिला कर लेप करना चाहिये।

मकड़ी, स्पाइडर (Spider) के दंश के लक्षण एवं चिकित्सा –

मकड़ी की प्रथमोत्पत्ति का वर्णन – प्राचीन काल में राजा विश्वामित्र ने ऋषिश्रेष्ठ वशिष्ठ को उनके आश्रम में जाकर कुपित किया उनके मस्तक से जो पसीने के कण गौओं के लिए रखे तृण में गिरे इन बिन्दुओं से ही ये महाविष वाली विविध प्रकार की (मकड़ियां) उत्पन्न हुई है। इन मकड़िओं को संस्कृत में लूता कहते हैं।

''यस्माल्लूनं तृणं प्राप्ता मुनेः प्रस्वेदबिन्दवः ।
तस्माल्लूतेति भाष्यन्ते सङ्ख्यया ताश्च षोडशः ।। *(सु.क. 8/93)*

लूता (मकड़ी) के सन्दर्भ में प्राचीन काल से ही इसके विष के प्रभाव की जानकारी प्राप्त होती है। कालक्रम के प्रभाव से वर्तमान में इसकी कितनी प्रजातियाँ व विषाक्त प्रभाव वाली प्रजातियाँ है। आधुनिक चिकित्साविज्ञान के अनुसार समझना चाहिये।

सामान्यतः इसके विष का प्रभाव साधारण होता है। किन्तु इसकी एक प्रजाति लेक्टो डेक्टस बहुत विषाक्त होती हैं, इससे एक अति तीव्र विष निकलता है। जिसके कारण बहुत अधिक पीड़ा (Acute Pain) होती हैं। स्थानीय शोध (दंशस्थान) तथा कभी-कभी कोथ (Gangrene), रक्त मूत्रता (Haematuria) तथा नाड़ी संस्थान की विकृति के लक्षण प्रकट होते हैं, इससे दंशस्थान का संज्ञानाश हो जाता है। तथा कभी कभी श्वसनसंस्थानगत लक्षण तथा धर्नुवातिक पेशी संकोच (Tetanic Muscle Crampls) के लक्षण भी दिखाई देते हैं। इसमें पूयजनक जीवाणु उपसर्ग भी संभव हैं। ऐसी अवस्था में ज्वर, संताप, तीव्र वेदना आदि होती है।

''लूताविषं घोरतमं दुर्विज्ञेयतमं च तत् ।
दुश्चिकित्स्यतमं चापि भिषग्भिर्मन्दबुद्धिभिः *(सु.क. 8/75)*

तूता (मकड़ी) के विष की भयानकता का उपर्युक्त सूत्र में संकेत प्राप्त होता है। मन्दबुद्धि चिकित्सक इसकी चिकित्सा में यदि विशेष ध्यान नहीं दे तो यह कठिनाई से उपचारित होती है। रोगी के प्राण संकट में पड़ जाते हैं, फूटते हुए अंकुर से जिस प्रकार वृक्ष किस जाति का होगा, का पता नहीं चलता इसी प्रकार लूता (मकड़ी) का विष शरीर में थोड़ी मात्रा में फैला हुआ भी बड़ी कठिनता से ही जाना जा सकता है।

''दंशस्य मध्ये यत् कृष्णं श्यावं वा जालकावृतम् ।
दग्धाकृति भृशं पाकि क्लेदशोथ ज्वरान्वितम् ।। *(च.चि. 23/144)*

विषाक्त व दूषी विषयुक्त लूताओं के काटने पर दंशस्थान बीच में काला व श्याववर्ण का हो जाता है। उसमें शिराओं का जाल बन जाता है। आग से जलने के समान दंशस्थान की आकृति हो जाती है। शीघ्र ही वह स्थान पाकयुक्त हो जाता ह तथा क्लेद एवं शोथयुक्त हो जाता है एवं लूता पीड़ित व्यक्ति के शरीर में ज्वर बना रहता है।

प्राणहर लूताओं के काटने का लक्षण – प्राणहर लूता के काटने पर दंशस्थान पर शोथ हो जाता है तथा श्वेत, काली, लाल अथवा पीली पीड़िकाऐं उत्पन्न हो जाती है। रोगी ज्वर से पीड़ित होता है तथा श्वास गति बहुत बढ़ जाती हैं एवं रोगी के प्राण संकट में आ जाते हैं। दाह, हिचकी एवं शिरोप्रदेश में जकड़ाहट होने लगती है।

अष्टाङ्गसंग्रहकार ने लूताविष की विषाक्तता के सन्दर्भ में कहा है–

''तत्र घोरतमा लूताभिधन्ते ता अपि त्रिधा।
तीष्णमध्यावरत्वेन ध्वन्ति चाश्वचिकित्सिता: ।। *(अ.सं.उ. 44/6)*
सप्ताहेन दशाहेन पक्षेण च परमक्रमात् ।।

समस्त कीटों में अतिशय भयानक लूताए तीन प्रकार की होती है। तीक्ष्ण, मध्य और अवर। यदि रोगी की शीघ्र चिकित्सा ना की जाये, तो ये रोगी को क्रमश: सात, दस और पन्द्रह दिनों में मार देती हैं।

सामान्यत: लूताओं के दंश के लक्षण निम्नानुसार है–

''दंश: सामान्यतस्तासां दद्रुमण्डलसन्निभ: ।
सितोऽसितोऽरूण: पीत:श्यावों वा मृदुरुन्नत: ।।
मध्ये कृष्णोऽथवा श्याव: पर्यन्ते जालकावृत: ।
विसर्पवाञ्छोफयुक्तस्तप्यते बहुवेदन: ।।
ज्वराशुपाकविक्लेदकोथावदरणान्वित: ।
क्लेदेन यत्स्पृशत्यङ्गं तत्रापि कुरूते व्रणम् ।। *(अं.सं.उ. 44/12)*

लूता दंश से दाद के चकत्ते जैसी संरचना दंश स्थान पर हो जाती है। इसका रंग श्वेत, काला, लाल, पीला या श्याव वर्ण का हो जाता है। यह कोमल और उभार लिए हुए होता है। मध्य में कृष्ण व श्याव वर्ण होता है और किनारों पर सिरा जाल से घिरा (मोटा) होता हैं। दंश फैलने वाला, सूजा हुआ, जलनयुक्त और बहुत वेदना युक्त होता है। रोगी को ज्वर हो जाता है; पूय भर जाती है; सड़ने से त्वचा फट जाती है एवं इसका स्त्राव शरीर पर जहाँ भी लगता है वही व्रण हो जाता है।

''श्वास दंष्ट्राशकृन्मूत्रशुक्ललालानखार्तवै: ।
अष्टाभिरुद्ध मन्त्येता विषं वक्त्राद्विशेषत: ।। *(अ.सं.उ.44/13)*

ये लूताऐं श्वास, दंष्ट्रा, मल, शुक्र, लाला, नख और आर्त्तव इन आठ प्रकार से विषाक्त करती है, किन्तु मुख द्वारा अधिक विषाक्त प्रभाव करती है।

लूता (मकड़ी) विष चिकित्सा –

''चन्दनं पद्मकोशीरं शिरीष: सिन्धुवारिका
क्षीरशुक्ला नतं कुष्ठं पाटलोदीच्य सारिवा:
शेलु स्वरसपिष्टोऽयं लूतानां सार्वकार्मिक:
(यथा योगं प्रयोक्तव्य: समीक्ष्यालेपनादिषु) *(च.चि. 23/200-201)*

सभी प्रकार के लूतादष्ट में, दंश पर लाल चन्दन, पद्मकाष्ठ, खस, शिरीषबीज, सिन्दुवार (मेउड़ी) की पत्ती, क्षीर-विदारी, तगर, कूठ, पाटला सुगन्धबाला और अनन्तमूल की छाल, इन्हें समान मात्रा में लेकर लसोड़े (श्लेष्मात्तक) की पत्ती के रस के साथ पीस कर पान, नस्य, अञ्जन आदि सभी विधियों द्वारा इसका प्रयोग करना चाहिये।

''मधूकं मधुकं कुष्ठं शिरीषोदीच्यपाटला:।
सनिम्बसारिवाक्षौद्रा: पानं लूताविषापहम।। *(च.चि. 23/202)*

लूता विषनाशक योग – महुआ, मुलेठी कूठ, शिरीष का फूल, सुगन्धबाला, पाटला की छाल, अनन्तमूल इन्हें समान मात्रा में लेकर चूर्ण बनाकर जल में घोल कर शहद मिला कर पीने से लूता विष का प्रभाव कम हो जाता है।

लूता विष में दस प्रकार के उपक्रम –

''नस्याञ्जनपानं धूमं तथाऽवपीडं कवलग्रहं च।
संशोधनं चोभयत: प्रगाढं कुर्यात्शिरामोक्षणमेव चात्र।। *(सु.क. 8/134)*

सुश्रुत संहिताकार ने लूताविष में नस्य, अञ्जन, अभ्यङ्ग, पान, धूम, अवपीड़, कवल ग्रह, तीक्ष्ण वमन, तीक्ष्ण-विरेचन और शिरा-मोक्षण इन दस विधियों से चिकित्सा करनी चाहिए।

''अथाशु लूतादष्टस्य शस्त्रेणादंसमुद्धरेत
दहेत जांबवोष्ठाधैर्न्नतु पित्तोत्तरं दहेत *(अ.स.उ. 44/28)*

अष्टाङ्गसंग्रहकार ने भी लूताविष प्रतिषेधार्थ अपना मंतव्य दिया है कि लूतादंश रोगी में सर्वप्रथम दंश को मूल सहित मण्डलाग्र आदि शस्त्र से निकाल दे फिर जाम्बौष्ठ आदि शस्त्र से इसको जलायें; परन्तु पित्तप्रधान में दाह क्रिया नहीं करनी चाहिये।

''लेपयेद्दग्धमगदैर्मधुसैन्धवसंयुतै:।
सुशीतै: सेचयेच्चानुकषायै: क्षीरिवृक्षजै:।। *(अ.स.उ. 44/30)*

दंशस्थान पर शहद और सैन्धव मिले विषनाशक अगदों का जिनका कि उल्लेख पूर्व में किया हुआ है; का लेप करें, तत्पश्चात् वट, उदुम्बर प्लक्ष, पाकड़, पारीष के शीतल कषायों से परिषेक करना चाहिये।

''प्रपौण्डीरीकह्नीबेरशारिबोशीरजीवका:।
लोध्रचन्दनजीवन्तीमञ्जिष्ठासर्जवञ्चुला:।।
मृणालबिसशैवालकुमुदोल्पलगैरिका:।

न्यग्रोधोदुम्बरराश्वत्थनिचुलप्लक्षवेतसाः ।।
समङ्गापाटलीगुन्द्राकाकोलीशतपर्विकाः ।
शिरीषधातकीमूर्वाबिदारीपध्मकिंशुकाः ।
शृङ्गाटकंकोषवतीवायसीसोमराजयः ।।
मधुकांशुमतीमूर्वा यथालाभं समाहृताः ।
शस्तः पर्युषितो लेपः सघृतः पैत्तिकेव्रणे ।। ***(अ.स.उ. 44/32)***

लूतादंश के कारण यदि दाह, पाक आदि के लक्षण युक्त छोटे घाव हो तो – प्रपोण्डरीक (कमलभेद) नैत्रबला, सारिवा, खस, जीवक, लौध्र चन्दन, जीवन्ती, मंजीठ, सर्जरस, जल वेतस, मृणालशिरा, शैवाल–श्वेत कमल, नील कमल, गेरु, बरगद, गूलर, पीपल, निचुल–धातकी, मूर्वा, विदारी, लाल कमल, पलाश, सिंघाड़ा, कोषातकी, वायसी बाकुची, मुलैठी, शालपर्णी, मूर्वा, इनमें जितने औषध द्रव्य मिल जाए उनको पीसकर घी में मिलाकर लूतादंश वाले स्थान पर लेप करें।

''सुरसप्रसवव्योषविल्व मूल सुराह्वयम् ।
हरिद्रा छागलीमूत्रं लूता कीटहनमञ्जनम् ।। ***(अ.सं.उ. 44/45)***

लूता विष में अंञ्जन – तुलसी की मञ्जरी, त्रिकटु, बिल्ब मूल, देवदारु, हल्दी, इन्हें बकरी के मूत्र में पीसकर अंजन करे, यह अंजन लूता कीट के विष को नष्ट करता है।

''शिरीषपध्मकोशीरपाटलीसिन्दुवारकम् ।
क्षीरीशुङ्गनतोदीच्यशारिबाकुष्ठचन्दनम् ।।
शेलुस्वरसपिष्टोयमगदो नावनेञ्जने ।
पानं प्रलेपे सेके च लूतासु परमं हितः ।। ***(अ.सं.उ. 44/46)***

शिरीष, पध्माश्व, श्वस, पाटला, निर्गुण्ड़ी; बरगद आदि क्षीरीवृक्षों के शुंग, तगर, नैत्र बाला, सारिवा, कूठ, चन्दन इनको लिसोड़े के स्वरस में पीसकर इसे नस्य, अंजन, पान, प्रलेप, परिषेक आदि में प्रयोगार्थ अति उत्तम माना गया है। इससे लूताविष का प्रतिषेध होता है।

''पयस्या मधुमृद्वीकाश्व दंष्ट्रा क्षीरमोरटाः ।
गोजीविदारीष्ट्या ह्मधुकानि च तदगुणः ।। ***(अं.स.उ. 44/47)***

विदारी, मधु, द्राक्षा, गोखरु; मधुश्रवा, गोजिद्वा, मुलेठी, मधुक आदि द्रव्यों से निर्मित अगद भी लूता विष में, लेप, पान, अंजन में हितकारी हैं।

"तथा शिरीषकुसुमं चन्द्रलेखोद्भवं फलम् ।
सुराला कटभी जातिः श्वेता च गिरिकर्णिका ।। *(अ.सं.उ. 44/47)*

शिरीष के फूल; बाकुची फल, अतीष, कूटभी, चमेली, वचा अपराजिता, इन्हें भी पीसकर पूर्ववत् लेप, प्रलेप पान के रूप में लूता विष में उपयोग करने पर लाभ होता है।

"तद्वच्च युञ्जयात्तगरकुष्ठनागबलाबलाः । *(अ.सं.उ. 44/49)*

तगर, कुष्ठ, नागबला द्वारा निर्मित अगद भी पान, नस्य, अंजन में प्रयुक्त किया जा सकता है। निर्माण विधि पूर्ववत् जल में पीसकर अथवा लसोड़ा के फल के रस के साथ पीसकर बना सकते हैं।

"हरिद्रायुगलं नागदन्ती लोध्रं च शाबरम ।
शिरीषपुष्पं नगरं सहदेवा शतावरी ।।
पुनर्नवा नागबला सर्पगन्धा कुटन्नटम् ।
गवादनी दंतशठ सोमवल्केन्दुराजयः ।
विषेषु सर्वेष्वगदः सक्षौद्रः सर्वकर्मकृत् ।। *(अं.सं.उ. 44/50)*

हल्दी, दारू हल्दी, नागदन्ती, शामरलोघ्र, शिरीष के पुष्प, तगर, सहदेवी, शतावरी, पुनर्नवा, नागबला, सर्पगन्धा, केवटीमोथा, इन्द्रायण, बिजोरा नीम्बू, कायफल, बाकुची को पीसकर मधु मिला कर इसे पान, नस्य, अंजन, लेप आदि में प्रयोग करना चाहिये।

"सर्पाक्षी चन्दनं बक्रं मृगाक्षी गन्धनाकुली ।
एला महासुगन्धा च बस्तमूत्रेण कल्कितः ।।
लेपे, पाने च लूतासु नानेन सदृशोगदः *(अ.सं.उ. 44/51)*

सर्पाक्षी, चन्दनं वक्रं मृगाक्षी गन्ध नाकुली, इलाइची, महासुगन्धा इनको बकरी के मूत्र में पीस कर, लूताओं के विष में, लेप तथा पान के रूप में प्रयोग करना चाहिये यह एक उत्तम प्रकार का अगद है।

"कटभीमूलतगरसमङ्गादेवदारुभिः ।
बृहतीद्वयगाङ्गेगीगोरोचनाचन्दनैर्घृतम ।।
सिद्धं चर्तुगुणक्षीरं पानाभ्यञ्जनयोर्हितम्
लूताकणभकीटानां विषे परमदारूणे ।। *(अ.सं.उ. 44/52)*

अपराजिता मूल, तगर, मंजिष्ठा, देवदारू, कटेरी, बड़ी कटेरी, मुस्ता, गोरोचन, चन्दन; इनको कल्क बनाए, कल्क से तात्पर्य कल्क से समान मात्रा में गोघृत लेकर कल्क और घृत को मिलावे। पाक करे, इस अगद से लूता (मकड़ी) कणभ (भौरा) व विविध विषाक्त कीट के अति तीव्र विष में पान व लेप अभ्यंग हेतु प्रयोग में लेना चाहिये। इससे विष का प्रभाव कम होता है। लूता विष अथवा विविध विषाक्त कीटों के दंश के कारण दाह, पाक आदि में गाय के घी का ही प्रयोग करना चाहिए क्योंकि तैल विष के प्रभाव को कम नहीं कर पाता है अपितु बढ़ा देता है।

गाय के घी में काली मिर्च का चूर्ण मिला कर पान करने से सभी प्रकार के विषों का प्रभाव कम होता है।

विषाक्त कीटों के दंश के कारण होने वाले तीव्र दाह में कास्य पात्र में सौ बार धोया हुआ गाय का घी लेप करने पर दाह में शांति प्रदान करता है।

घृत कुमारी (ग्वारपाठा) के रस में दोनों प्रकार की हल्दी (आम्र हरिद्रा (आम्बा हल्दी), हरिद्रा) मिलाकर दंशस्थान पर लेप करने से भी दाह कम हो जाता हैं एवं व्रण के पकने की पाक होने की संभावना कम रहती हैं।

❍❍❍

प्रयुक्त शब्दावली

- **चूर्ण**

  औषध–द्रव्यों को इमामदस्ते की सहायता से कूट लेवे। महीन पाउडर होने पर इसे सूती कपडे से छान लेवे।

  मात्रा– 3–6 ग्राम

- **फाण्ट**

  उबलते हुए 100 मि.लि. पानी में 10 ग्राम चूर्ण को डालकर चाय की तरह गरम गरम करे। तत्पश्चात इसे कपड़े/चाय छानने वाली छननी से छान लेवे।

  मात्रा– 50– 100 मि.लि.।

- **क्वाथ**

  100 ग्राम औषध द्रव्य के यवकूट चूर्ण को 800 लीटर पानी में डालकर गरम करे। जब यह पानी 250 मि.लि शेष रहे तब कपड़े/चाय छानने वानी छननी से छान लेवे।

  मात्रा– 50– 100 मि.लि.।

- **स्वरस**

  औषध द्रव्य के पत्र अथवा कन्द को लेकर पत्थर अथवा इमामदस्ते में कूट लेवे। तत्पश्चात इसे कपड़े/चाय छानने वाली छननी से छान लेवे।

  मात्रा– 10– 20 मि.लि.।

- **तण्डूलोदक**

  100 ग्राम चावल लेकर इसमें छः गुणा जल में 12 घण्टे के लिए भिगो दे। तत्पश्चात इसे छानकर जल का प्रयोग करना चाहिए।

  मात्रा– 50– 100 मि.लि.।

सांकेतिक शब्दावली

- च.चि. = चरकसंहिता चिकित्सास्थान
- सु.क. = सुश्रुतसंहिता कल्पस्थान
- अ.हृ. चि. = अष्टांगहृदय चिकित्सास्थान
- अ.चि. = अष्टांगसंग्रह चिकित्सास्थान
- यो.र. = योगरत्नाकर
- ग.नि. = गदनिग्रह
- भा.नि. = भावप्रकाशनिघण्टु
- सो.नि. = सोढलनिघण्टु
- ध.नि. = धन्वन्तरिनिघण्टु
- भै.र. = भैषज्यरत्नावली
- रा.मा. = राजमार्तण्ड
- च. द. = चक्रदत्त
- अ.सा. = अमृतसागर
- अ.सं. = अष्टांगसंग्रह
- वै.म. = वैधमनोरमा
- कै.नि. = कैयदेवनिघण्टु
- भा.नि. = भावप्रकाशनिघण्टु

संदर्भ ग्रन्थ सूची

1. **अग्निपुराण** – धनदेवोपाध्याय, संस्कृत संस्थान, बरेली, 1969
2. **अथर्ववेद** –
3. **अमरकोष** – रामस्वामी, चौखम्भा संस्कृत सीरीज आफिस, वाराणसी,
4. **कैयदेवनिघण्टु** – आचार्य प्रियव्रत शर्मा, चौखम्भा ओरियन्टालिया, वाराणसी, 1979
5. **गदनिग्रह** – इन्द्रदेव त्रिपाठी, चौखम्भा संस्कृत सीरीज ऑफिस, वाराणसी, 1969
6. **गरुड़पुराण** – रामशंकर भट्टाचार्य, संस्कृत संस्थान, बरेली, 1969
7. **चरक संहिता उत्तरार्द्ध** – श्री सत्यनारायण शास्त्री, चौखम्भा भारती अकादमी, वाराणसी, 1995
8. **द्रव्यगुणविज्ञान** – आचार्य प्रियव्रत शर्मा, चौखम्भा भारती अकादमी, वाराणसी, 1991
9. **द्रव्यगुण संग्रह चक्रपाणि** – उमापति मिश्र, अमित वैभव, वाराणसी, 1993
10. **द्रव्यगुण हस्तामलक** – वैद्य बनवारी लाल मिश्रा, प्रकाशक पब्लिकेशन स्कीम, जयपुर,
11. **धन्वन्तरिनिघण्टु** – आचार्य प्रियव्रत शर्मा, चौखम्भा ओरियन्टालिया, वाराणसी, 1982
12. **भावप्रकाशनिघण्टु** – डॉ. श्रीकृष्ण चुनेकर, चौखम्भा भारती अकादमी, वाराणसी, 1999
13. **भैषज्यरत्नावली** – अम्बिकादत्त शास्त्री, चौखम्भा संस्कृत भारती संस्थान, वाराणसी, 2002
14. **मदनपालनिघण्टु** – नृपति मदनपाल, बी. जैन पब्लिशर प्रा. लि., नई दिल्ली, 1961
15. **महाभारत** – गीताप्रेस गोरखपुर

14. **सुश्रुतसंहिता** – डॉ. अम्बिकादत्त शास्त्री, चौखम्भा संस्कृत भारती, संस्थान, वाराणसी

15. **शार्ङ्गधरसंहिता** – डॉ. ब्रह्मानन्द त्रिपाठी, चौखम्भा सुरभारती प्रकाशन, वाराणसी, 1998

16. **अष्टांगसंग्रह** – अत्रिदेव गुप्त, कृष्णदास अकादमी, वाराणसी, 1993

17. **सोढलनिघण्टु** – आचार्य प्रियव्रत शर्मा, ओरियण्टल संस्थान, बड़ौदा, 1978

18. **योगरत्नाकर** – श्री लक्ष्मीपति शास्त्री, चौखम्भा भारती अकादमी, वाराणसी, 1974

19. **राजनिघण्टु** – इन्द्रदेव त्रिपाठी, कृष्णदास अकादमी, वाराणसी

20. **राजवल्लभनिघण्टु** – खेमराज कृष्णदास अकादमी, बम्बई

21. **Classical uses of Medicinal Plants** - Priyavrat Sharma, Chaukhamba Visvabharti,Varanasi , 1996

❍❍❍